世のなか食のなか

瀬戸山玄

世のなか
食のなか

Kubota

かれいがわ
KAREIGAWA
なかふくら
きりしまおんせん
KIRISHIMA-ONSEN

はじめに

――食べる営みをないがしろにしてもよい理由は人生に一つもない。

この思いが本書の出発点である。自分が口に入れる食べ物を、しごく当り前に自分が携わって確保する。そうした流儀を人間は長く守ってきた。梅干しを漬け、自家製味噌を仕込み、小さな空地で丹精こめて野菜を作り、急な事態に備えて常備食を蓄えておく。その習慣は70代以上の方たちの中に色濃く残る。楽しみであると同時に、それは危機回避の知恵だ。けれど食を自ら整えるという嗜《たしな》みは失われつつある。住宅事情の悪化やゆとりのある専業主婦層の減少、独身率が高まって外食主義者が増えたことも無関係ではない。この手間ひまを嫌う時流を背景に、食品の偽装問題も頻発するようになったのだと思う。台所で毎日の食と積極的に向きあえば、モノが腐ったり長持ちしたりする原理も容易に想像がつく。何より怖いのは、自然界にあるものを食材にするプロセスや、本来の熟成に必要な時間や生育期間を誰も考えなくなることだ。そうならない用心に、私はこの素朴な問いに時々立ち返ることにしている。「日本列島に暮らした先祖は大昔、何をどう食べて生きながらえたのだろうか」と。大昔といわないまでも、百年前の納豆と現在の納豆は果して同じ味なのかと、素朴な疑問が次々とわく。

喰いしん坊な考古学者が、カジュアルな面白い本を著していた。森浩一さんの『食の体験文化史』である。自分が食べる三度のご飯の中味を「わが食物史の記録」と称して、森さんは旅先も含め20年余り丹念に記録した。365日×三度の食生活は計1095食のうち、大根何回、レンコン何回、サケ何回、マグロ何回という風に積算されて、日本列島に暮らす自分の命は、どんな食材の組合せで支えられているかを探りだした。何千年も昔の縄文遺跡から発掘される縄文人の食習慣と、移動も多い現代人のそれとを比べる手がかりを得るためだ。そこに浮かびあがったのは、日本列島という豊かに生きものを育む自然環境と、手近な食材を得て子孫を残す先人たちの知恵と慎みの深さだ。

詳しくはこのあとの「縄文の台所」にゆずるが、縄文人たちの食欲はそれはそれは厄介な手数を踏み、いわば恐るべき執念をもって叶えられていた。

例えば山に住む縄文人の夕餉《ゆうげ》、縄文初夏のレシピにしても山ウドからイノシシ肉、イワナと鮎に姫竹。トチ、地蜂、味の濃い天然長芋と松の実など、いずれも実際に渓流で釣ったり、猟をしたり、自生する材料を山々から集めた食材で、店で得たものではない。折々の自然の恵みを本来の食習慣にならい、古人《いにしえびと》はうまい旬の頃に必要最低限だけ食べるから、山は食の宝庫のままだ。

折々の食材が味覚に陰翳《いんえい》を与え、季節感を楽しむ舌も発達するわけである。

それにしても戦後、70年近い間に食糧自給率を4割まで落とし、独立国の体裁を失いかけているのに、政府は農家と漁師たちを真剣に守ろうともしない。けれど世界中見回しても日本は、食材を上手に扱う技に恵まれた稀有な国なのだ。

ここに紹介する17の食の作法を先人の培った食文化の結び目として、皆様の視野に入れて読み進めて頂けたら、ドキュメンタリスト・記録者冥利に尽きる。

もくじ

里編

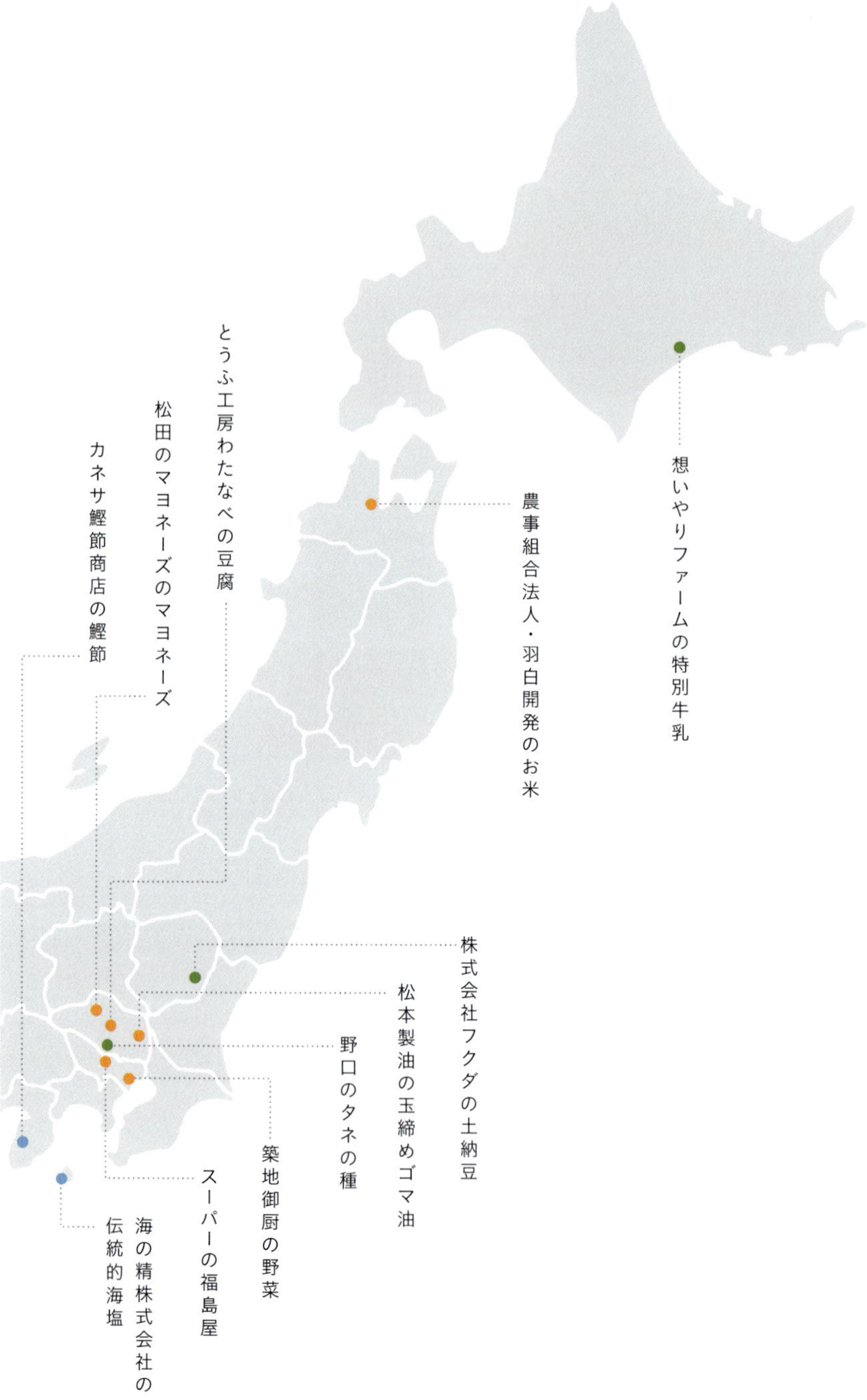
想いやりファームの特別牛乳
農事組合法人・羽白開発のお米
株式会社フクダの土納豆
松本製油の玉締めゴマ油
野口のタネの種
築地御厨の野菜
スーパーの福島屋
海の精株式会社の
伝統的海塩
とうふ工房わたなべの豆腐
松田のマヨネーズのマヨネーズ
カネサ鰹節商店の鰹節

世のなか
食のなか
日本地図

● 山編
● 海編
● 里編

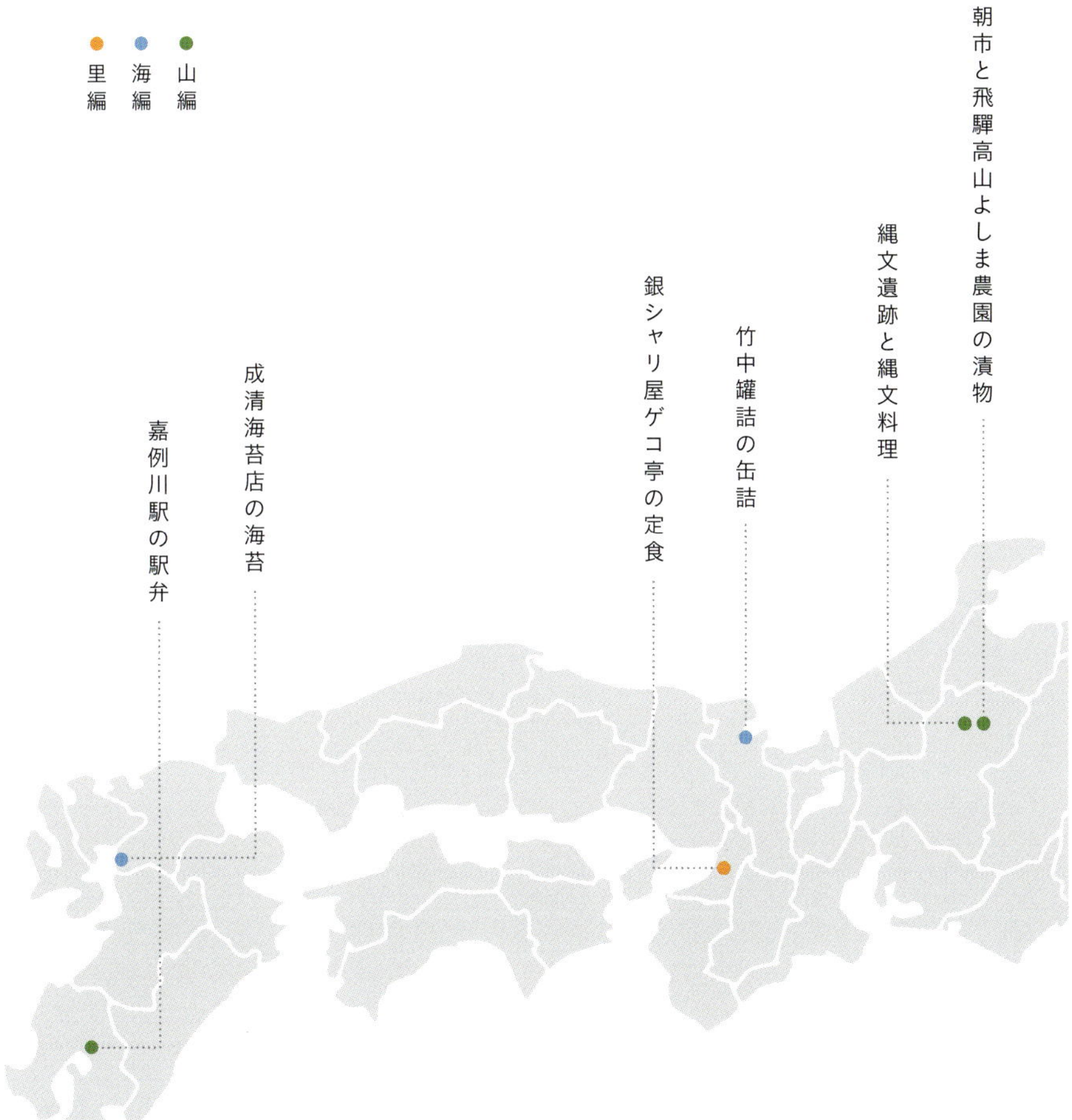

山編

縄文の台所

縄文遺跡といえば、青森の三内丸山《さんないまるやま》遺跡。そこから続々と出土した、おびただしい魚介類の骨は、縄文人の食の豊かさと和食の源流を彷彿とさせます。森や海と共生した先人たちの大らかな食欲は、どんな道具や調理法に支えられていたのでしょうか。縄文食に詳しい料理人と共に遺跡を探り、野趣豊かな命の頂き方と夕餉《ゆうげ》を紹介します。

ヤジリから浮かぶ遠近感

4月初旬の晴れた日曜の朝。

岐阜県高山市内で待ち合せて、1時間ほど車に揺られた。着いた先は白川郷にほど近い、標高7百メートルのダム湖畔。侵入禁止と書かれた車止めの脇から悪路に入りこむ。でこぼこな作業道をしばらく進み、杉林を抜けると目的地が現れた。

湖岸から雪が消える3月末、渇水状態のダム湖に古い景色がよみがえる。そこに半世紀前に水没したはずの縄文遺跡が姿を現す。冬の厳しい豪雪地なのに、6、7千年前から人が住んでいたのだという。なだらかな河岸段丘をおりた湖底近くの平地に残る、大きな石の塊がならぶ水田跡や囲炉裏跡。しかし4月下旬には春の光が山の残雪をみるみる溶かし、水位も十数メートルばかり増水して、現場はまた沈む。そんな自然の封印が解ける日を、待ちにまって来たのだ。

案内役は高山の割烹料理店「あんらく亭」主人で、縄文考古学にすこぶる詳しい吉朝則富《よしあさのりとみ》さん。中学生

でヤジリ5千個をすでに集め、大学時代「天職は料理人、ライフワークは考古学」と誓い、1994年に長野県考古学会から藤森栄一賞を受賞した本格的な研究家である。

大自然から命を頂く、縄文人の生活を雄弁に物語るというヤジリ。大きく腰を曲げて、地面を嘗めまわすようにゆっくり探す。早1時間たつのに収穫ゼロ。かたや主人のヤジリ収集は潮干狩りのように運ぶ。

「探してもサッパリ見つかりません」

「ならば軍手で地表をまさぐってください」

そこで太陽を背にして両膝をつき、地雷探しの要領で地面を左右になでて進む。現場は9戸50名前後が暮らした跡。おっ、砂利にまぎれて尖った石片！ビギナーズラックは、長さ3センチメートル弱のヤジリで、姿も美しい縄文晩期、3千年前のものだ。時代ごとに型がほぼ揃うため、早期・中期・晩期などと年代識別がしやすい。日本では1950年に文化財保護法を制定。遺物が出ると工事ストップがかかる。だがダム竣工を急ぐあまり、見て見ぬふりで住民を立退かせ、湖底に消えた遺跡が伝説化した。ヤジリ片を握りしめると、心なしか縄文人の狩りの情景が目に浮かぶ。

「彼らは矢の先にトリカブトの根から採る毒を塗ります。小さなヤジリでも刺されれば麻酔銃に撃たれたみたいに倒れる。縄文人の狩りは穏やかです。獲物が死ぬほど強い毒なら人が食べても危ない。だから毒加減はリーダーの技量が試される正念場だったはず」

まして弓矢も殺傷主義でないため、戦にも使う弥生人の武器の半分の大きさ。消耗品だったヤジリを、実験考古学者が学生に作らせたら、一つ1時間で仕上

吉朝さんが拾ったヤジリは新しい型ほど形もスマート。主に黒曜石や下呂石が多く、石英は儀礼用か。

げたという。

それから午後4時まで粘り、地元の下呂石製ヤジリ六つとキリ二つ。大発見でも出土でもなく、やっと飯の種に出会えた気分だ。案内役はなんとヤジリ16個、石斧2本、土器の破片多数。江戸の寛永通宝2枚というオマケつきで帰路に。夜はいよいよ解読の宴。山ぶどうから作るコンクジュース風な、自家製の縄文ぶどう酒をまずひと口飲む。

海と森と縄文の結び目

ハンティングの季節はふつう冬場。何よりも雪で足跡を見つけやすく、毛皮はつやつやと質が良い。捕えた獣はすぐに腹を裂いて内臓を取りだし、血抜きで雪か冷水に3、4日放りこむ。現代の猟師もこのやり方をまねる。イノシシ狩りには勇敢な和犬がいる。だから犬は大切に扱われ、住居跡の小さな窪みが犬小屋だとする説まである。飢えたニホンオオカミの侵入に脅える野性時代だった。集落の周りには、果樹や生長の早い栗を植え、掘った落とし穴の罠にイノシシなどを誘った。肝心のヤジリが、たまの肉食の舞台裏まで明かす。

「実際にとった数では、イノシシより鹿がはるかに多い。貝塚から出る骨を見れば、小さいヤジリがウサギやタヌキやサルなどの小動物用とわかります。縄文人はサルを結構食べてますよ。もっと小さければキジ用でしょう」

近年、北海道ではエゾシカの肉が売買されるほど害獣駆除が進む。人の事情を優先する文明社会は、野生をある所までしか認めない。かたや縄文人は地面の穴に煙を通す冷燻の技を、縄文早期から伝えた。丸ごと焼いて食べ散らかさず、燻製干し肉で少しずつ副食にする保存術も知っていたのだ。それに少々の塩ぐらい物々交換で手に入る。

「ハゼの木の実を煮ると、結構たくさん塩が採れます。沢の水でも柴を浸けておき、それを燃やして灰にすると塩が採れました。エスキモーのように動物の内臓まで食べたら塩分がいらないという話もあるけど、山芋や里芋などを食べるには、やはり塩分がほしい。また、円筒式土器みたいに最初から塩のいっぱい詰まった土器もあり、それを壊して取り出す方法もあります。山辺の連中は毛皮や薬草やら熊の胆《い》で、海辺の連中の塩とを交換できたでしょう。弁慶貝のペンダントが山の集落跡から発見されるので、海と山で交易が盛んだったのは明らか」と吉朝さん。

一連の物語からは自然相手に旬を見すえて癖をよくつかむ、先人たちの「いただきます」を心がけた慈愛が滲む。ちなみに縄文前期は温暖化で氷河の溶けた「海進期」だ。気温は今より4、5度高く、海面は太古より40メートルくらい上昇。現在の海水準より2〜3メートル高く、関東では「奥東京湾」が川越まで広がり、低地の多くを飲みこんだ。干潟化が進んだ渚は貝を豊かに育み、集落人口も貝塚の数と共にぐんと膨らむ。

「今日のダム湖は海から遠いですが、標高の高い飛騨は温暖になりドングリや木の実もよくなり、食が豊かになって生きやすい。ぱらぱら散らばっていた家も急激に十軒単位の集落にまとまります。ペンダントや装飾品も増える縄文前期は、まさに縄文バブルで、岐阜市まで干潟でした」

鮮度のいい縄文食は、本当にうまい

後日、山に暮らす縄文人の夕餉を、吉朝さんが考古学的な実証から再現してくれた。縄文初夏のレシピは以下の通り。山ウドの丸かじり、イノシシ肉入り縄文クッキー、イワナと鮎の串焼き、姫竹の子の直火焼き、炒り地蜂、天然長芋のすりおろし、松の実とイワナシのデザート。これら材料を山と川から集めてきてくれたのは、飛騨の山なら庭のように歩き尽した大工の小嶋準一さん。山奥で掘り出された天然の長芋は、市販品よりほっそりしていてきめが細かく、味が抜群に濃い。また、素材が新鮮なら、あまり手をかけすぎない方がおいしいことに気づく。文明に守られない人々は、その時々の自然の恵みを本当にうまい旬の頃に、必要最低限だけ食べる、生きもの本来の食

1

2

3

4

1――初夏の縄文ごはん。藤の花が咲く頃が旬のイワナと、香魚とも呼ばれる鮎の串焼きは山に暮らす縄文人の貴重なタンパク源だった。山に自生する姫竹の子は、アクの少ない採りたてのうちに、焚き火で皮ごと直火焼きに。山ウドの皮を剥いたものやイタドリ、フキ、長芋は生食で。
2――ダム湖遺跡で見つけた複式炉。壊れているが縄文クッキーなどを焼く埋設土器を脇に伴うことが多い。縄文クッキーは円盤状の加工食で縄文人の主食だった。イノシシ、鹿などの獣肉のミンチに長芋と野鳥の卵、松の実、山椒、栗やクルミの粉を練り混ぜ、2百度の焼石で調理した。
3――トチの実はアクが強いので、外皮を剥いたものを桶で1週間ほど水に晒してから天日に干し、さらに流水にひと月晒してから蒸して搗くと、ようやく食べられる状態になる。
4――「栃の実せんべい」は今も下呂温泉を中心に飛騨地方で作られている。

習慣に忠実だったにちがいない。森林大国・日本でも、岐阜県は森林保有率が高知県に次いで高い。どんなものでも山で揃えられる小嶋さんが誇らしげにいう。「山は宝物だらけなんだ」と。

たとえばドングリ類が実る森は、鹿やタヌキの楽園と化す。だが動物を連日捕るのは難しい。そこで膨大な数のドングリをためつすがめつ眺めては、「あれを食いたい。腹に入れてしまいたい」と嘆息。煮ればアクも抜けて食えると誰かが気づく。この頃の煮炊き道具の発明はまさに大事件であった。固い食材も煮れば柔らかくなり、やがて顎が小さくなって、人相顔つきにまで変化は及ぶ。

食と顔つきを変えた二大発明

旧石器時代を縄文時代に進めたパワーは何か。実は土器と弓矢という二大発明だった。

「土器の発明が日本は世界一早い。それは必然性があったからです。食べられないものを何とかしたい縄文人の観察眼は、モッタイナイ魂とも深く結びついています」

なるほど、移動が当り前な遊牧民ならそうは考えまい。水を飲むなら皮袋ですむが、何かを煮るにはどうしても土器がいる。土器誕生は地場食材への執着なのだ。言わば地産地消の原風景も、縄文人の食への執念にあったのではないだろうか。

また、飛び道具は手で持つ槍より、猟の生産性がぐんと高い。最後の氷河期がようやく去り、温暖化の進む1万3千年前の縄文草創期を想像してみてほしい。針葉樹林は涼しい北にゆっくりと移り、マンモスなども北方に逃げ去る。入れ替わりにやってくるのが、南の落葉広葉樹林帯とそこに棲む動物たち。トチや栗やドングリなどに誘われ、大型獣と共に小さなほ乳類も移動してくる。縄文人はナウマン象のような大きい動物を、大勢で沼地に追いこんで石槍で仕留める。野尻湖から出土した象の骨がそれだ。小型のすばしっこいほ乳類は、飛び道具の弓矢の方が都合がよい。

弓矢のない頃は動物につき従って右往左往するが、効率のよい弓矢は食糧源を森に確保して定住を促した。落ち着くと食用の植物を探し、男女は子どもを増やす。子育てと土器づくりを女が担い、男は石器づくりと狩猟に励む。わずか12、13歳で子を産み、幼児死亡率が高いため平均寿命30歳足らずという時代だ。みんな若死にするわけではなく、中には元気な長寿自慢もいただろう。縄文晩期に入ると、やがて人々は山から低地に降りていく。定住が進み、道具も進化。ドングリや栗の貯蔵庫が手つかずの状態で、遺跡から出土したりする。手をつけなくてもすむほど、食のバランスが良くとれた時代なのである。

豊かな風土が日本人の繊細な舌を育んだ

ともあれ地元に生きるものなら、あまねく活かそうというのが縄文流。おそるべき縄文人のグルメぶりだ。魚の内臓を塩漬けしたナムプラーのような魚醤や、動物の内臓から作る肉醤《ししびしお》も恐らくあった。ただし味噌だけは、焼き畑で大豆栽培が始まるもっと後。弥生ではそれが水田となる。遺跡をくまなく歩くと「凹み石《くぼみいし》」と呼ばれる丸い河原石が次々と見つかる。飛騨の河原にはサワグルミの木が目だつし、食品店では大概クルミが売られている。ころころ転がるクルミを石の凹みに置き、石で叩き割る台なのだ。確かに次々と割れて具合がいい。

「縄文クッキーは山形県の遺跡からたくさん出ました。イノシシ肉のミンチに、ドングリやクルミ、キジなどの山鳥の卵を加えてよく練る。香りづけはクルミや紫蘇の葉。平たくしてラードを塗り、焼き石に並べる。渦巻き模様にする型まであり、普段は灰の中でそれを焼いて食べていました」

三内丸山遺跡で出土した魚骨類も、その数と種類と大きさに、多くの人が驚嘆した。体長1メートル級のヒラメやタイの骨で、しかも天然だから無理もない。人慣れしていない魚は捕りやすく、漁網やヤスやモリと丸木舟を使って海に出た。フグの骨さえ貝塚から多く出土する。千葉の姥山《うばやま》貝塚の遺跡では、親子5人が家の中で横死した状態の骨が見つかった。急激な死にぶりから、おそらく食事中にフグ毒に当ったのでは、

石皿　ここで長芋やクルミや獣肉類を擦り石ですりつぶし、左側から器に流し込む。35センチメートル大で、すり鉢兼、まな板。

石皿　加工跡が残る石皿。竪穴式住居の囲炉裏脇に置き、まな板のような調理道具として日常的に使われた。

叩き石　主にトチ叩きとトチ皮剥きに用いられ、最小350グラム、最大6百グラムで、男女の力の差で使い分けた。

凹み石　縄文期全般にわたって住居跡から必ず出土する道具。クルミやトチの実を凹みに置き、叩き石で殻を割る。

石庖丁　手のひらに具合よく収まる8センチメートル大で、下側の薄い刃で主にヒエやアワなどの穂先を刈り取っていく。

石さじ　くびれ部分にヒモを結んで手に絡ませ、動物の毛皮を体から剥ぐ際に用いた。石製なので脂にも滑らない。

と吉朝さんはにらむ。

「1万3千年続いた縄文時代、フグで死んだ者は数知れないのではないか」

はるか縄文時代の台所。四季の食材は、縄文人たちの味覚に陰翳《いんえい》をつけ、四季そのものの愉しみ方まで深めたにちがいない。それにしても現代社会は、なぜ食品偽装をここまで根深くはびこらせたのだろう。人口の膨らみすぎか、食文化の急激な商業化と階層化ゆえか。戦後70年で食糧自給率を4割まで落とし、縄文の幸運を喰い潰しかねない事態を現代人は目の前にしている。

振りかえれば森の豊かな日本列島は、海面上昇で日本海に対馬暖流が流れこむ8千年前に姿を整えた。黒潮と対馬暖流。暖かな海の衣をまとう列島では、雪と雨に恵まれた森林が水源となって命を潤した。そんな安心の図にヒビが入るのは、その後の、繁栄の縄文前期から数えて約2百世代後の現代。便利さに執着する現代人が、台所と風土を切り離しすぎたツケと言ってもよい。［2008、夏］

～ある日の縄文ごはん～

縄文人が夏に食べていた料理を再現。
ハレの日の豪華な食卓。

縄文クッキー　円盤状の加工食で縄文人の主食だった。イノシシ・鹿などの獣肉のミンチに長芋と野鳥の卵、松の実、山椒、栗やクルミの粉を練り混ぜ、2百度の焼石で調理。

イノシシの干し肉　集落の周りに掘った落とし穴で捕らえたイノシシの肉を、囲炉裏の上に吊して煙でいぶしながら、燻製化させて保存食とした。

イワナと鮎の串焼き　藤の花が咲く頃が旬のイワナと、香魚とも呼ばれる鮎は、山に暮らす縄文人の初夏の貴重なタンパク源。少ない塩で食したと考えられる。

姫竹の子の直火焼き　山に多く自生する小さな姫竹の子を、アクの少ない採りたてのうちに、焚き火で皮ごと焼く。剥いたその中身はすこぶる美味。

炒り地蜂　山間の地中に巣を作る地蜂（クロスズメバチ）の幼虫をつかまえ、火で炒ってから食べる。山の珍味だが栄養価がとても高い。

山菜サラダ　山ウドの皮を剥いたものやイタドリ、フキ、長芋などを生食。調味料としては塩漬けした魚を発酵させた魚醤が使われた可能性が高い。

ドングリとクルミと栗　アク抜きの必要がないスダジイやマテバシイの実とクルミは、常食しただけでなく、飢饉や災害用の保存食としても貯蔵されていた。

松の実とイワナシのデザート
韓国料理に欠かせぬチョウセンゴヨウの種子は、中国北境と朝鮮山地の原産だが、飛騨の亜寒帯針葉樹林層からも出土。おやつとして食した。

縄文酒　山ぶどうの実をつぶして大量に漬けこむと、皮に付着した酵素で発酵が進み、アルコール分の高いワインになるが、もっぱら祭礼用の酒。

奇跡の駅弁

ローカル駅の名物駅弁は旅人を癒す束の間の郷土食。
そんな車窓の幸せに想いを寄せて百貨店の駅弁大会に通う人々。
新旧それぞれが売りものを競うなか
南九州の無人駅・嘉例川《かれいがわ》に生まれた週末駅弁の趣に心が和みます。

――わずか2週間でおよそ7億円。

これは東京新宿の京王百貨店が年に一度開く、駅弁大会が２００４年にはじき出した過去最高の売上金額である。北海道から沖縄（モノレール駅）まで、駅弁の買える駅はざっと２７０余。そこから90軒の各地名物を集めて催す、このお化けイベントの歴史は思いのほか長くて、１９６６年から続く。以来、駅弁ファンはうなぎ上りに増えて、毎度押すな押すなの大盛況に、今年は催事場の通路幅まで広げた。この人気のヒミツは「駅に行かないと買えない」駅弁の実演販売。つまり旅の味との再会劇と言ったら大げさか。地元の食材をわざわざ会場に運んで終日調理するため、参加業者も航空便で送ったり、家族経営だと店を閉めて上京したりと苦心する。

しかし停車時間が短く、窓も開かない近頃の鉄道事情を思うと、開催中に約40万個を売る勢いと話題性は、先行き不安な駅弁業者には救世主みたいに映るのだろう。函館本線「いかめし」とか根室本線「たらば寿し」や横川「峠の釜めし」といった、タイトルや雰囲気が垂涎ものの人気御三家には、かくて

西郷さんの手弁当を彷彿させる、質実剛健な薩摩の食が満載『百年の旅物語・かれい川』。1個160円の竹皮製の弁当箱と出合うまで、水気取りに苦心したという。

1

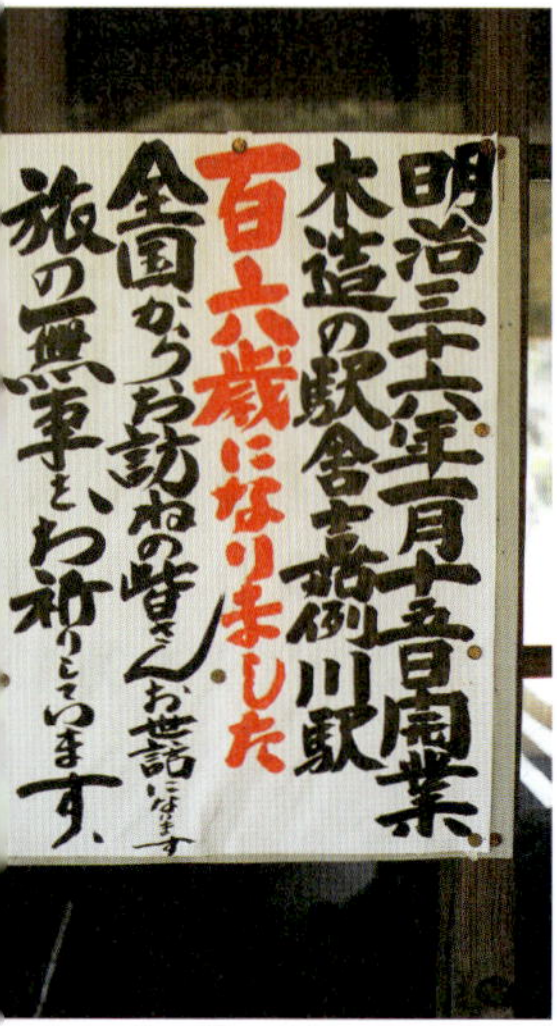

2

郷愁派が群がり舌鼓を打つ。

一方でこれらの駅弁ビジネスの本流とはまるで次元の異なる〝イケ弁〟も実はある。地域限定で量産もしない、週末だけの駅弁が誕生したのは山間の小さな単線駅。そこで発想されたのは「百年前の駅弁」。ほのぼのとした旨さがやがて認められ、旅人の口の端にものぼり、ファンを確実に魅了していく。肉も魚介類も卵焼きも入らない定番外しのそれがなぜ受け、JR九州圏の駅弁ランキングで人気1位に輝いたのか。

無人駅のにぎわい

嘉例川と書いて「カレイガワ」と読む。鹿児島空港でタクシーをつかまえ「嘉例川駅へ」と言えば、ものの15分で長いホームの前に着く。里山に囲まれた線路のすぐ向こうまで竹林が迫り、素朴な木造駅舎は築106年という明治の作で天井も高い。海抜167メートルの木立では、ウグイスがさえずり、風がそよぐ。明治村ふうの映画用セットに紛れこんだ気分だ。

4

3

1,2,3 ——無人駅に特急「はやとの風」号が日に上下4本とも5分間停車する大サービスぶりは、産業文化財的な駅舎と、1050円で売られる土日と祝日限定の奇跡の駅弁パワー故。乗降客がひどく少ない駅にこんな景観保存の裏技もあるのかと、地域力に脱帽するばかり。4——嘉例川駅に10年務めた元国鉄マン、福本平《ひとし》名誉駅長にもファンが多い。

けれど駅前広場は午前中からマイカーで埋まり、白い日差しになぜか人が群れて動こうとしない。

実は漆黒の観光特急「はやとの風」号の到着と件《くだん》の駅弁販売を、駅員のいない無人駅でまだかまだかと待つ方たちなのだ。そこへ作りたての『百年の旅物語・かれい川』駅弁をひと山抱えて、現れるのは山田まゆみさん。たちまち行列ができ、みるみる山は小さくなっていく。ただし販売は毎週土日と旗日だけ。竹籠に盛った一つ50円の蟹の姿に似たガネもあわせて売る。こちらは紅サツマとニラと人参を、卵と小麦粉で練って菜種油でざっくり揚げた冠婚葬祭の定番料理だ。この日は春分。折しも鹿児島中央駅で新幹線開業5周年を祝うイベントがあり、県から頼まれて山田さんは、来賓用の祝い弁当も特別に用意。結局いつもより50食多い計2百食を、彼女は深夜1時すぎから準備してこさえた。睡眠を削って厨房に立つのは、51歳の体にはさすがに堪えるらしく、「楽しいけど、これ以上作っていたら死んでしまう」とうれしそうに笑う。

地元農家も潤う

実際、彼女はその日に売る分の具を毎朝、すべて一から料理して仕込むので、作り置きを一切しない。まずは大根の皮むきが寝起きの手仕事。弁当の中身はシイタケとタケノコの炊込みご飯をベースに、みそ田楽、コロッケ、春巻きの皮に包んだ千切り大根と人参の煮物、酢の物、それにガネと、オール野菜づくし。できあいの練り製品や漬け物も使わず、保存料などの添加物がゼロという徹底ぶりである。実は山田さん、弁当箱のなかに地産地消の収穫祭を描こうとする、覚悟の起業家なのだ。

そんな山田さんが家族とこしらえる週末駅弁には、木造駅舎と地の物への愛着も細やかにちりばめられている。駅弁の鉄則としてご飯は冷めてもおいしく、目でも楽しめなければいけない。そこで彼女は人家の無い山から引いた清水で育った棚田米を、収穫後にハザ（稲架）掛けで干した自然乾燥米だけを使う。弁当の風味を決める干しシイタケは、駅の近くに住む農家の松下《まつした》実雄《じつお》・さえ子さん夫婦の作。彼らは手入れの良い杉林にホダ木をずらりと並べて大事に育てる、原木シイタケ40年のベテランだ。

それだけに嘉例川の駅弁が九州で人気一番に輝いた時、その中味のシイタケもブランド化を果たせたのだと喜ぶ。ポストハーベストと呼ばれる防腐処理を収穫後に施した、中国産の安いシイタケに市場を席巻されて、ひと頃は家業が崖っぷちに立たされて、悔しさと辛酸をなめた松下さん一家だった。それ故に地産地消の縮図とも言える、週末駅弁のヒットが何より嬉しかったという。また、ジャガイモ、大根、人参、なすなどの主菜類は、これまた近所の角篤《かどあつし》・フヂノさん

ホダ木3万本を抱くクヌギ林まで持つ、松下椎茸園は杉山の中にあった。

夫婦が半ば自家用に手ずから育てた品だ。駅弁の風は仲の良い老夫婦の農業にも確かな自信を与えただけでなく、食べものが多くの人に喜ばれることで、生きる張り合いまで膨らませてしまう。むろん、タケノコだって自慢の薩摩産である。

愛しさが偶然をよぶ

この駅弁誕生談がローカル駅の素性と、どれほど深く結ばれているかお気づきか。嘉例川駅は明治36（1903）年に熊本と鹿児島を結ぶ、鹿児島本線（今は肥薩《ひさつ》線）の待避駅として開業。一帯はずっと昔から里山で潤い、材木は鉄道で市街地に運び、また数キロメートル先の妙見《みょうけん》温泉に向かう湯治客もここで降りた。江戸時代から癒しの場だった妙見温泉には、寝具持参で自炊しながら長逗留する湯治客が多く、そんな客の荷物を駅から宿まで担いで地元民は日銭を稼いだ。それがマイカー普及と林業衰退で、1980年代には乗降客がめっきり減って駅前もひどくさびれた。駅弁がむかし売られた事実もなければ、駅前から妙見温泉まで客を運ぶ送迎バスも走った様子さえない。かてて加えてアクセスの悪さにやがて駅も無人化。けれども寝苦しい夏の宵や、陽気のいい春秋には、近くのお年寄りや子どもたちが時代から忘れ去られた駅舎に集い、ふしぎと寛《くつろ》ぐ語らいと憩いの場として、地元民にはこよなく愛されてきたという。

折しも郷愁の無人駅に光がさすのは2004年1月。開業百周年を前に〝みんなの人生の玄関口〟は壊すに忍びないと、地元・隼人《はやと》町が駅舎譲渡をJR九州に求めたのだ。JR側も保存と共用を条件に18万円で応じた。これを機に隼人町は「嘉例川地区活性化推進委員会」を立ちあげ、百周年にむけた記念行事を練りだす。そして2004年2月に、「わが駅にわが駅弁を」の想いが温泉関係者の心を捉えた。そのきっかけとなったのが2003年12月、嘉例川駅前で地元物産を集めて開かれたイベント「森の市」だった。

そこで山田さんは地元農家の面々と、いつか原木シイタケたくさんの名物弁当を作って売れたらいいね、地鶏はありきたりだし、やっぱり野菜だよねと幻の駅弁談義に花を咲かす。当時給食センターで調理員の経験までをもち、町の社会教育委員であった山田さんは、車による移動総菜屋も始めていたことから、白羽の矢がたつのも自然な流れだったと言えるだろう。わずか1日限りのローカルな催しに集まった老若男女は2千人。それを目の当たりにして、山田さんは思う。「心尽くしの上等な駅弁を通じて、おいしい地元食材を世に知らしめられる」と。

限定販売というルール

一方、JR九州の新幹線も翌2004年3月に、新しく鹿児島中央駅と繋がろうとしていた。でもいくら速くて便利だとはいえ、南九州の端まで「誰を乗せるか」で悩んだ。ビジネス客は限られる。よし旅人を増やそう。それには網の目状にのびた在来線の車両の内外装もリデザインして、新旧の連係プレーで旅情を誘うしかない。それが鉄道の旅ならではの楽しさを掘り起こす追い風になった。だがさすがに無人駅とはいえ、そこを管理するJRは個人の構内営業にとても厳しい。鉄道会社にとって構内営業権は、富を生みだす打ち出の小槌と言ってよい。その統括役もかねて社団法人・日本鉄道構内営業中央会（通称・中央会）があり、販売に関するもろもろの交渉や手続きなどもおこなう。加盟業者は弁当箱に共通の駅弁マークを記すことが許される。もっとも山田さんみたいな地域密着型で、お手製の掛け紙に包んだ駅弁で原点回帰を志す者には、中央会に入る必要もない。それでも駅売りやJR車内販売分には、売上額の何%かをテナント料として払わないといけない。

ついに本物の駅弁デビューを果たした山田さんはまず30食からスタート。しかし夕方4時まで粘っても、冬場はようやく10食しか売れない。でもじっと耐えて待った。食材を提供してくれる生産者に、仕方なく売れ残りを無料で配って歩いたという。

追い風はまた吹いた。元々、隼人町は特徴に乏しい。

そこで18軒の温泉旅館を束ねる妙見温泉観光協会も、2003年秋に新幹線対策委員会を設けて動いた。温泉偽装が各地で騒がれるなか、自噴《じふん》温泉の掛け流しが実は少数派だと初めて気づく。そこで町内の温泉アクセスバスと、やはり駅弁を企画。チェックアウト後の宿泊客に、郷土食満載の昼食を駅弁によって提供したいと考えたのだ。明治の駅舎を愛しむ気持ちと、ローカル線の旅を楽しくしたい鉄道会社、それに地元温泉のもてなしの心が一つになった瞬間、駅弁に奇跡が起きた。

ある日突然、売れるようになったのである。30食から50食、さらに70食と増やすが売切れ御免。しかも特急「はやとの風」に乗る人が、乗車2日前までなら週末駅弁「かれい川」の引換券も買える、便利な仕組みができた。これで3年前から確実に1日150食を売り切るようになったが、山田さんは闇雲に作る数を増やすつもりもない。近所の工場や企業で働く人たちのために、平日の火水木金はいつも通りに総菜とご飯を売って歩く。この7年続いた日常感覚の中にこそ、土日・祝日の旅人をもてなす、晴れやかな駅弁づくりの喜びがバランスよく保たれる。「忙しくても楽しくなければ、単なる繰り返し仕事になってしまう」と山田さん。

駅弁を支える環境

むかし、試作駅弁を食べた1人がフタを開けた途端、「がっつ暗かねぇ」と苦言。絵心に乏しい野菜だけの弁当は、どうしても地味な彩りになりがちである。それを救ったのは、駅裏の唐竹《からだけ》を思い浮かべて笹の葉みたいに散らした、緑鮮やかなキヌサヤだった。これればかりは地元産が途絶える夏から初秋まで北海道産に代わる。またサツマイモの紅サツマだけは土壌の相性から、県内の大隅半島産を使う。早い話が、使う食材のほぼ9割は、駅から半径5キロメートル圏内で採れたものだと考えてよい。保健所の扱いの中でも、駅弁は遠来の旅人が道すがら食べるだけに、とりわけ衛生管理が厳しい。またフタをとった瞬間の絵

2

1

1 ―― 週末の余暇を活かした山田さん一家の駅弁づくりは、娘の佳代さんと夫の文昭さんも交えて、深夜から朝9時まで狭い厨房で続くが、笑顔が絶えない。この日は駅弁の壁・2百食を達成。
2 ―― 自慢の地場野菜を育てる角フヂノさん（左）と、山田さん（右）。

柄で心ときめかせる世界だけに、鮮度と盛りつけにも細心の注意が求められる。それもまた、駅弁を創作する側の覚悟をうながす。

「でも水気を具合よく吸う、竹皮で編んだ弁当箱だけは輸入品になってしまった」と悔しがる。定価1050円の手作り駅弁は、竹皮を幾重にも敷いて作った1箱160円もする器でないと収まりが悪い。こうした壁をいくつも乗り越えてイケ弁はさりげなく着地していく。地域活動にも熱心に携わってきた山田さんが、いまは霧島市に編入された隼人町の土地柄に触れる。

「隼人町はもう20年近く前から、積極的に地産地消に取組み、毎日4千食を提供する日本一の給食センターでも地元野菜をなるべく使ってきました。だから駅弁も妥協するわけにいかんかったんですよ」

そこまで覚悟した小さな駅弁ビジネスは、「誰の都合を優先させるか」をいつも自問自答しながら続く、食の試金石だ。この、特別ではない格別なうまさのイケ弁物語は、「売りたいよりまず食べてほしい」から始まった。駅弁はやはりあなどれない。［2009、初夏］

取材ノートから

新作『花の待つ駅・嘉例川』

お弁当づくりの名人・山田まゆみさんが2012年秋、ついに新作を発売した。かごんま（鹿児島）の郷土食盛りだくさんの女性向け駅弁である。
中味はといえば、黒米に粟を混ぜたご飯、地元産の生姜の佃煮、アジのすり身のサツマ揚げ（鹿児島人はこれをつき揚げ、沖縄人はチキアーゲと呼ぶ）、さつま赤鶏（純国産鶏）とシイタケ（嘉例川産）の煮物、酢で煮たゴボウ、梅の果肉を詰めた里芋に卵焼き。さらには郷土の伝統菓子「けせん団子」までデザートとして添えてある。こちらはサツマイモと米粉を混ぜて練った団子が、爽やかな楠の香りの名残をとどめる。鹿児島産「けせん」すなわち肉桂（にっけい・シナモン）の葉に挟んで蒸したもの。おかず6品目＋けせん団子という、畑の力ぎっしりの郷土料理の縮図で値段は1050円。

ところで駅員がいない無人駅・嘉例川の平均乗車人員は近年39名ほど。けれどホーム周辺では地元のお年寄りたちが丹精こめて四季折々の花を育てている。そんな旅人をもてなす心意気を、新しいお弁当にも映し出したいという想いで、山田さんはこの新作弁当を『花の待つ駅・嘉例川』と命名。ただし、こちらも従来の弁当『百年の旅物語・かれい川』と同様、土日と祝日にしかこの駅で売っていない。ましてデパートが催す全国駅弁大会には決して並ぶことがない。本文でも触れた通り、平日は町で働く人たちに食べてもらう、お総菜とお弁当づくりに忙しいためだ。

明治末期に建てられた美しい木造駅舎を守りながら、名誉駅長を務めていらしたあの人気者の元国鉄マン・福本平さんは、2010年12月に81歳で「ありがとごわした」とめでたく引退。日本中から木造駅舎が次々と消えていくなかで、3代目となる名誉駅長を引受けたのは篠原繁文さんという方である。乗降客こそ少ないけれど物語の多い、重要文化財の駅舎見学と自然派の限定駅弁を求めてクルマで訪れる人たちが絶えない、ふしぎと心休まる嘉例川駅なのである。

みんなのタネ

日々食べている野菜が畑で育つ姿を思いだせますか。
今の農家は自分では採種しません。種苗会社が作る「雑種F1」を使うので先祖伝来の「固定種《こていしゅ》」に目を向けません。F1種《エフワンしゅ》が生育も早くて実の多い優等生なら固定種は味の多様性が魅力の自然児。気候風土に育まれた固定種の復活に小さなタネ屋さんが奮闘しています。

タネの発芽はいつ見ても面白い。

小さな手足で殻を破るみたいに、やんちゃな命が地上に飛びだす。しかも次の世代を用意し終える日まで生長を止めない。人間は美味しいその実や根っこや種子まで、どんどん奪い取って空腹を満たす。実り多き1粒のタネも、ふだんは静かでおとなしい。それだけに次の世代に必要な遺伝子を引き渡す、健全なタネが担う本来の使命や大切さを見過ごしがちになる。

東京・池袋から西武線に小1時間ほど揺られて降りた先は飯能《はんのう》駅。秩父山地を背にした丘陵を名栗川《なぐりがわ》沿いにバスで進むと、漫画「鉄腕アトム」や「火の鳥」を壁にあしらう、ふしぎなタネ屋さんが道端に姿を現す。伝統野菜のタネを各地から集めて商う、日本で数少ないタネ専門店の『野口種苗研究所』だ。創業80年の3代目主人は野口勲《のぐちいさお》さん（65歳）。30歳まで手塚治虫のもとで漫画編集者として働いた彼は、人間の強欲さと乱脈な自然支配に危機感を抱く。ここで多様な固定種を絶滅させてなるものかと、自家採種を続ける農家との連携に励む。

「昔からうちのお客の多くは家庭菜園での野菜づく

りが趣味の方たちで、固定種を一番使って欲しいプロの農家の方はあまりみえませんね」と残念がる野口さん。

飯能一帯は杉林におよそ覆われており、昔から農地が乏しいので専業農家も少ない。そんな土地柄に暮らす客層の要望に、野口さんの品揃えも、いつしか伝統野菜の固定種に絞りこまれていく。最近、ホームセンターや園芸店には置いていないレア物の面白さを求める人々が全国から『野口のタネ』のネット販売にアクセスしてくる。また茄子や赤大豆などの新顔は、店裏の小さな菜園と山間の畑で本人も、テストを兼ねて、愛で育てている。

風土に根ざしたタネよ、もう一度

町のタネ屋は全国の種苗メーカーから買付けた色々な野菜のタネを、自分たちできれいなタネ袋に小分けにして売るのが標準スタイル。それゆえに各タネの発芽率が肝心である。しかし戦後の食糧難時代はタネもしばらく配給制が続き、強欲な仲介役はわざと古いタネを混ぜたので、発芽率の悪さにみな泣かされた。手軽にそれを調べる術はないか。そこで2代目が一念発起、芽と根を見る「メネミル」なる発芽試験器を発明した。大げさなものではない。8.5×12センチメートルの透明プラスチックケースの中に、溝を切った一回り小さな陶板を水に浸して入れ、百粒のタネを溝に並べる。すると数日で芽生えて発芽率何%と結果が一目瞭然。新しく仕入れたタネは、今も店内の片隅でこの発芽テストを行う。コンパクトなので同業者にたいへん重宝がられる。発芽中のメネミルが棚田然と並ぶ前で、3代目が遺伝のかたい話をかみ砕いて語る。

タネの世界はあまり知られていないが、「固定種」と「F1種」に大別される。そもそも固定種は形状が固定されたタネ。遺伝子に大きなブレがなく、多様性も秘めている。畑に百粒播いたら芽生えた内の勢いの弱いやつは抜き、元気なものだけをまた畑に播く。毎年繰り返し同じ畑に植えては採種し、昔はそうして丹念にいいタネを残していった。固定種は気候風土にじっくり馴染ませた愛着の粒ぞろい。篤農家《とくのうか》や種苗

2

1

1 —— 飯能駅から名栗川沿いを7キロメートルほど遡った『野口のタネ』は、虫プロ公認の「火の鳥」が目印。
2 —— 木箱の中身は、タネの計量に代々使われてきた匙《さじ》やカップ類。計量単位の細かさから、タネの貴重さが伝わってくる。
3 —— 先代の発明品「メネミル」に、入荷したての伝統野菜のタネを播き、発芽率を調べるのが家業のルール。

メーカーがもつ固定種を分けてもらい、それをまた野口さんが欲しい人に売る。

これの対極にあるハイブリッドとも呼ぶ1代雑種のF1種は、スーパーなどで普通に並ぶ野菜の栽培にたいがい用いられる。こちらは1代限りの交雑種で、規定の農法を守れば、どこでも早く形よく育つ。ただし2代目のタネを畑に播いても、親とそっくり顔の野菜にはまずならない。姿形がばらばらで出荷にさしさわるので、量産型の農家は大手種苗メーカーの言いなりに、高額なF1種を毎年買うしかない。F1種の技術はそもそも戦前、養蚕試験場で異なるカイコを交配し、絹の収量を増やそうとして開発した日本発のバイオテクノロジーだ。さすが元祖だけに、種子に応用すると1960年代頃から全国にたちまち広まった。しかし野口さんはその過剰ぶりを危ぶむ。

「販売用の野菜種子をここまでF1種一色にした国は日本ぐらい。農業大国フランスでも市販のタネの約8割が固定種です」

ともかく野菜本来の味を蘇らせて、豊かな食文化

3

4

5

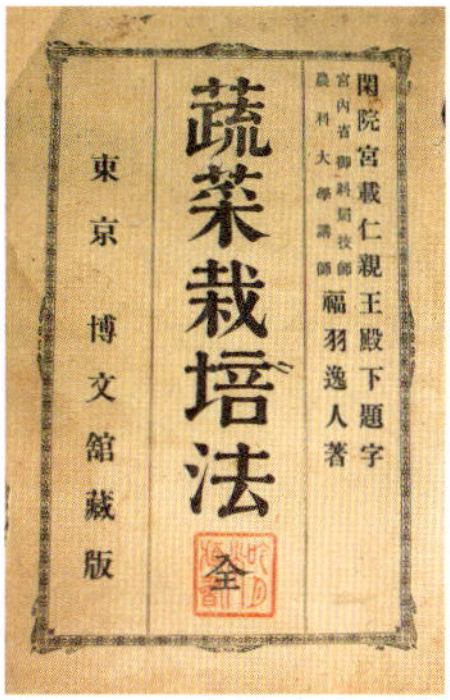
閑院宮載仁親王殿下題字
蔬菜栽培法 全
宮内省御料局技師 農科大學講師 福羽逸人著
東京 博文館藏版

4,5 —— 店の奥には、農作物に関する膨大な文献類と、少年の頃から集めた手塚治虫の漫画が仲良く並ぶ。明治時代の文献をひもとけば、食料増産に励んだ当時の栽培技術の高さが、丁寧な木版イラストと共に楽しく伝わってくる。

を郷土で育むには、その土地に根付いた固定種の復権なくしてあり得ない。それはまた売り切れ御免の商売を、再評価すべきときでもある。味の同じ野菜を外食産業が春夏秋冬求め、種苗メーカーもそこに迎合し、野菜の味を薄めたF1種さえこさえてきたという事実。日本の野菜の多様性を、市場原理の近視眼でのっぺらぼうにしないためにも、山間の交雑しない場所に畑を借りて、野口さん自らが固定種の復権を急ぐ。そして講演活動も行う。そんな味覚の原点回帰に共感を寄せる人は多い。

食卓の味を変えたF1種

「例えば裏に植えた真黒茄子《しんくろなす》は、大正頃から東京市場でもっともポピュラーな固定種のナスでした。虫もつきにくく霜が降りる頃まで延々と実をつけて、とても収穫期が長い。でも農協などはそんな出荷に対応しません。一斉に育った作物をさっさと出荷し、次の作付けに取りかかる方が、限られた畑で農業を営む農家には収益性も高く歓迎されたからです」

戦後多くの農家がそれで固定種を諦めた。F1種なら大小のサイズも揃い、収穫期が短くて加工もしやすい。しかも予め用意した配送箱にニンジン何本かがぴたりと収まるような、工業製品並に大型店へ出荷できる流通態勢がいよいよ整いだす。はたして伝統野菜の出番がめっきり減った。同時にそれは台所の作法と味まで変えてしまう。

「近頃は料理番組でカボチャの下ごしらえを、電子レンジでチンしなさいと平気で言います。だけど固定種で暑さにも強い昔ながらの日本カボチャは、やはりだし汁でコトコト煮る方が断然うまい。同じカボチャでも戦後入ってきて全国に広まった、西洋種とはそれくらい食べ方も違います」

ふさわしい調理法の差が、台所の音に象徴されて人気を分ける。こうした食味変化の裏には、1966年に当時の農林省が打ち出した、野菜指定産地制度と「野菜生産出荷安定法」の功罪が大きい。例えばある村がキャベツ指定産地に決まると、そこの全農家がそれに従い、ひたすら出荷の義務を負う。つまり通年キャベツだけを作り続ける。それで過剰供給となり、豊作貧乏になればブルドーザーで潰し、国が補助金を払う。種苗メーカーも稼ぎどき到来とばかり、産地に焦点を絞ってF1種を次々に開発。ただし自分の種子を作る慣習を捨てて、他者に委ねるリスクは大きい。実際、他人の畑に飛んだタネで生えた遺伝子組換え作物を見つけては特許侵害で訴える、多国籍企業モンサント社の横暴を許してしまった。悪夢は忘れた頃にやってくる。話を戻してキャベツの大口消費の代表格といえば、やはりトンカツ屋。ここに通年出荷の下地が整う。肝心の値段はF1種が2千粒で4千円台。ロットも大きく、小さな農家には決して安くない。野口さんの固定種ならその3分の1ほどの値段で済む。

近頃はネット販売で注文が急増した。助っ人の小野地悠さんが、タネ袋の小分け仕事を心細やかに担う。

さらに単一栽培・モノカルチャーは連作障害と呼ばれる病虫害を招きやすい。それでメーカー側は耐病性を高める交配に再び挑む。身は丈夫でも一斉収穫が難しい固定種はこうして少数派に転じる。因みにF1種は、「first filial generation」の略で1代雑種と訳す。少量多品目生産に励む有機栽培農家ですら、割り切ってF1種を使う者と自家採種を貫こうとする者に分かれるのは、意外な事実だといってよい。

おしべが消える!? 雄《ゆう》性《せい》不《ふ》稔《ねん》というリスク

植物学者メンデルが発見したのは「交雑によって生じた雑種第1代には、優性形質だけが現れ、劣性形質は潜在する」法則だ。これに目をつけ、1代限りで雑種強勢の元気なタネを作る。F1種の開発は10年以上かかるので、大手企業しか手がだせない。農家が一度それを使いだすと毎年、新しいF1種を買わざるを得ない。けれど作物を一斉に引き抜いて市場に出し、畑1枚で野菜が何度作れるか算段がたつ。

一見、良いことずくめなF1種だが、便利さゆえの偏りと弊害を隠しもつ。際限なく手を加えて規格化が進むほど、農家は自家採種の技術を失う。そのうえメーカー主導で農業のマニュアル化が進み過ぎると、農家独自の判断や自然への観察力は鈍る。野口さんが最も心配するのは、F1種が雑種ゆえに自家受粉の阻止を必須条件にする点だ。つまり人間でいう無精子症を人為的に増やすような、雄性不稔と呼ばれる営みが、種苗ビジネスの現場で当り前に続く。それはおしべの生殖不全や生殖細胞の不和合の助長、不妊症を蔓延させる操作にちかい。とりわけナス科の作物でF1種を作る場合は、花が開く前におしべを丸ごと抜く。この「除雄《じょゆう》」と呼ぶ気の遠くなる作業も、雄性不稔という万に一つの不妊症の株を発見し、それを延々と増殖すれば面倒も解消してしまう。ただしどれだけ人間の手で改良が加えられようとF1種は1代限りで、自然淘汰という網を潜らない。それがF1種一色になった農業の落とし穴であり、実は日本の食糧の大半もリスク承知で栽培されている。

不自然なタネの氾濫

いったい全体、こうしたタネビジネスの戦略と技術を最終的にコントロールするのは誰なのか。またそこには自然界のバランスを壊す危険性を、慎重に回避するだけのモラルはあるのだろうか。そのために将来突然、予測のつかない事態も生じかねないと野口さんは危惧するのである。多くの大手種苗メーカーが近年、人件費も安く気候の恵まれた海外に採種場を移すなかで、それは実際に起きたという。例えるとAという花にBの花粉をつけてタネを採る予定が、その雌雄が逆になる交配ミスで、そのF1種を購入した産地が壊滅的な打撃をうけたケースだった。日本の伝統野菜のタネを外国で採種するなど、農業を効率と採算性だけで捉えていじくり回すと、食糧と飢餓の問題

〜野口種苗研究所ならではのタネいろいろ〜

戦前、奈良漬け用に導入された埼玉の巾着形青茄子。皮が固く浅漬けには不向きだが、煮ても、炒めても良い。

成田山新勝寺名物。太ると根に空洞ができる。見た目はごついが、煮ると柔らかく、とにかく美味。

国際スローフード協会選定の「味の箱船」5百品目中で、絶滅の危機にある「プレシディオ」に認定されている。

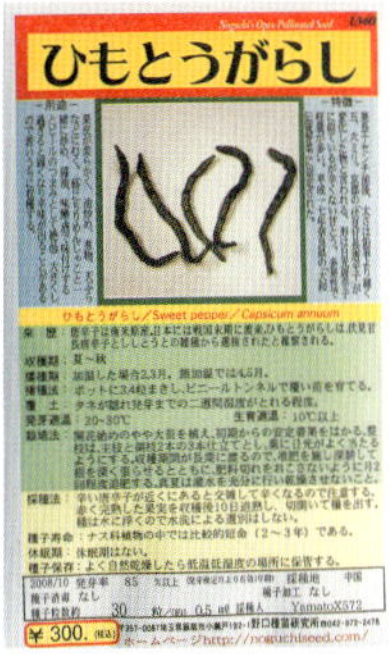

奈良・大和の伝統野菜。ひものように細い甘唐辛子。夏、鈴なりに付く青い実を甘辛く炒めると、酒の肴に最高。

八丈島から嫁いだお嫁さんが、近所にタネを分けて定着。多少収穫が遅れても柔らかい、丸莢《さや》のオクラ。

明治時代にアメリカから渡来し、かつて日本人に最も好まれた品種。今のトマトにはない深い味わいがある。

信州の辛味大根。葉が、ニンジンやミズナのように細く切れ込む。信州そばのつゆや、漬物などにも使われる。

巾着形で、縦にシワが入る下越地方の丸茄子。果肉が良く締まり、長岡では煮茄子、ふかし茄子と愛されている。

北海道で、冬にニシンといっしょに漬けられた10キログラムにもなる巨大キャベツ。北海道では春にタネを播き、冬に収穫。

にすぐさま繋がるだけに、慎重を要するのは言うまでもない。

「例えば菜っ葉の1粒のタネは1年でおよそ1万粒に増え、その1万粒が2年目に1億粒、3年目には1兆粒にまで増大します」と野口さん。そんな自然界を相手に姑息な手を加えて、動植物の姿形を文明社会向けに都合よく作りかえて得意げな現代人たち。大なり小なりのリスクが隠されていようと、そこでは命の源を平然と操作してしまう。長年、取り沙汰されている遺伝子組換え種子は、種苗ビジネス家たちが市場原理を最優先してひねり出した、タネ独占で食糧支配を企む手段だと多くの人々がその正体を疑う。

生きのびるための命の多様性

「雑種強勢」の法則はメンデルが19世紀に発見した、絶滅の危機回避や植物の遺伝的な欠陥を修復しようとする本能的なはたらきだった。しかしすでにそれは勝手に拡大解釈されて、遺伝子工学の世界で危険な綱渡りをしているといってよい。

近年、ミツバチの群れが突然消えたり、狂牛病が発生したり、家畜のインフルエンザが人に感染したりと、領域をまたぐ怪現象が次々に起きている。そこに、生命現象を操作する危うさを野口さんも直感する。1粒のタネに託された情報をすべて読み込んだつもりでも、46億年がかりの命の記憶が織りなす未知なる小宇宙を侮るのは恐ろしい。

食文化の多様性が失われていくのは、そもそもが寂しいことである。かつては日本各地に2百品種を超す、長かったり短かったり辛かったり甘かったりの大小さまざまな個性をもつ大根が溢れていたという。生命がもつ多様性とはそれくらい一筋縄ではいかず、人間の都合通りに運ばない個性が守る母なる海だったのである。だからこそ予想もつかない闇と驚きがあり、幾多の絶滅の危機が乗りこえられたともいえる。その海の深さが脚の速い子遅い子すべての有様にも、誕生の瞬間から不可視の使命がすでに授けられていることを気づかせてくれるのだ。［2009、秋］

取材ノートから

いのちのスイッチ

タネの話は、やさしく伝えるのが難しい。実際に何かしらの植物をタネから育てた人でないと、失敗と成功の間に隠れている命の原理と面白さが、簡単には見えてこないからだ。

そんなタネの壁を打ち破るかのように、『タネが危ない』（日経新聞社2010）を上梓した野口勲さんは、時の人として各地で講演活動に忙しい。医師会や有機認証団体のセミナーから一般消費者グループまで、依頼する側の立場もまちまちで関心事が微妙に異なるため、それに合わせて内容をアレンジするという。

野口さんは日本の農作物の原種を守り続けようと、店ではF1品種（1代雑種）をまったく扱わず、固定種と呼ばれる種だけを販売してきた。そうした固定種の種を畑に播くと、どんな栽培法を選んでも自家採種をする限りは、それなりの姿形に育つそうだ。植物なのに「律儀」というべきか、「義理堅い」というべきか。

「ところが自家採種をしなくなった今の農家の人たちは、タネのことをまったく知りません。だから種苗会社が開発した新しいタネほど良いものにちがいないという信仰が強く、当然そのタネが病気にも強いはずだと思い込んでしまうのです」

タネの壁は厚い。個人的な興味で野口さんに、原発事故の放射能がタネに及ぼす巨大化や奇形化などの影響を訊ねた。最近のパソコンネット上には、そうした類いの写真や話がしばしば登場するのだ。

「1979年に起きたスリーマイル島の原発事故の際には、たしかに影響が沢山でました。けれどそれは事故のすぐ後ではありません。何年もたってからの話です。植物の奇形化はそれよりも、種の交雑による影響のほうが大きいと私は思います。放射線源からどれくらい離れているかも分かりませんので断定はできませんが」と野口さん。

タネの顔からは想像も及ばない、さまざまな防御機能に守られて、発芽のチャンスを万に一つも見逃さない「いのちのスイッチ」がそこにはこっそり隠されている。その形態に関心のある方にはINAXギャラリー巡回展『種子のデザイン―旅するかたち』（2010）の際に作られた同名の冊子が面白い。

朝市のお漬物

冷涼な山国の暮らしに漬物づくりは欠かせない。
台所で育まれる発酵の妙を遠く離れた食卓で
味わおうとすれば作り手は品質保持に苦心します。
減塩ブームと温暖化の重なりに万能薬のように使われる添加物。
そんな時流に一石を投じる朝市の漬物屋を飛騨に訪ねました。

漬物ステーキをご存知だろうか。標高6百メートル近い岐阜県高山市は冬場、日が沈むと氷点下に冷え込む。そんな晩には酒と肴が欲しいが、雪に埋もれた畑に青物はない。そこで古漬を刻んで熱した鉄皿にのせ、卵を落として酸味をほどよく和ませる。世にも珍しいこの味を覚えると、懐が深い山国の食文化を敬わずにはいられない。

「昔はどの家にも北東に光の差しこまない漬物部屋があり、大概そこに四つほどの桶が並んでいました。一つは味噌、二つは漬物用。それに自家製醤油を仕込んだ桶と。漬物文化は冬の青物不足を補う知恵でした。けれど20年くらい前から、各家で代々続いた自家製の漬物作りの風習が廃れてしまい、漬物桶も焚き木にされたりしていました」

そう語るのは飛騨人で4児の父でもある与嶋靖智《よしまやすのり》さん（36歳）。九州東海大で米作を学んだ農家5代目だが、飛騨に戻ると「未来がない」という周囲の反対をよそに後を継ぐと宣言。2.5ヘクタールの畑づくりと、祖母と母親が培った漬物づくりを受け継いだ。

当地には江戸期から続く朝市が二つ立つ。南北に

農家自慢の品を売る宮川朝市も、1970年代のディスカバージャパンで観光化。だが母の対面販売の妙は変わらない。

流れる宮川の橋と橋を挟む川端がその一つで、毎朝7時には花や野菜や醸造品を並べた露店で埋まる。母の悦子さん（63歳）も笑みを絶やさず店先一間半で漬物を商う。半日売ると午後から畑仕事や仕込みに励む。この宮川朝市は農家の大切な直売所なのだ。150軒を超えた40年ほど前、祖母がリヤカーで赤かぶなど自慢の野菜を運んで売った。高齢化で今は空きも目立つが、多くの農家が漬物の味を競いあう。

時流にもまれた朝市

古来、朝市にはプロが開店前に仕入れにきたり、地元客が食材探しに集まってきた。与嶋家の漬物づくりは40年前、祖母と母が朝市向けに始めたファミリービジネスである。「ナスや大根を買いたくても、重くて持ち帰れない」。そんな声に自家製漬物の直売を思いつき、季節毎の漬物づくりに挑んだ。やがて国鉄（当時）の「ディスカバージャパン」到来で、朝市も一躍注目されて観光化。人波を前に、野に咲く花を摘んで並べても売れる時代だった。対面販売歴20年の悦子さんがその移り変わりを話す。

「毎日出ていると、お客さんが漬物を試食した様子ですぐ反応がわかります。いまでこそ無添加ですけど、昔は化学調味料が入らないと、物足りないという方が大勢いらした。家庭で漬けるならともかく、独特の風味をもつ伝統野菜の赤かぶ漬は土産物として受け入れられにくかった。それで化学調味料を当たり前に加えていました」

旅は味覚の思い出作り。祖母は無肥料無農薬で野菜を作っていたにもかかわらず、押寄せる観光客の舌に合わせて漬物に食品添加物を入れざるを得なかった。5代目曰く「なかには製造が追いつかず、メーカー品を買いつけ、別の袋に詰め替えて売る人や、味つけし直す店まであった。ラッキョウ漬も中国産をリパックしないと、あんな安値にはなりません。2004年に加工食品類の原料原産地表示などが義務化されるまで、みな抵抗感もありませんでした」

折しも実家が高速道路の予定地に入り、田畑や住まいも代替地で一新を余儀なくされ、心機一転の好機だった。そんなある日、家族会議を開く。「『食は人が良くなる』と書くとも聞く。少なくとも人に悪い食品は作りたくない。売れなくてもいい、これからは自分たちの納得のいくものを作ろう。本当の意味で、お客に害のないものを作って売ろう」

腹を決めると早かった。化学調味料も抜き、食塩は天日塩に替え、無添加でプラスチック桶に仕込んだ。だがそれを店先に並べてみると予想外の売上げ減少。漬物らしさが、いつのまにか消えていた。

木桶に宿る命

子どもの頃からうまい漬物を食べつけていたのに、なぜあの味が再現できないのか。漬物桶がプラスチック製になって、近隣の年寄りも同じことを口にした。いくら軽くて作業は楽でも、風味が別物なのだと。

「考えたら、家で毎朝食べていた頃は、みな木桶に漬けていました。それで木桶に秘密があるのかもしれないと。でも売るほど仕込むには、木桶をあちこちからかき集めないといけない」

この話題が、地元紙のローカル版で記事になる。

長年使い込んだ漬物桶に格別な愛着を抱くお婆ちゃんたち。それを大切に使う物語に、「譲りたい」という声が続々と届く。結局、手元に集まった木桶は50個以上。百リットルから3百リットルまで大小まちまちで、古くは天保時代の桶まである。桶は使わないとどんどん朽ちる。年に一度の漬け込みが漏れを防いで桶の命を延ばす。乾燥し過ぎると水分が抜けて用を成さない。緩めば竹のタガを締め直す。だが地元の桶屋さんは老齢で、新調はおろか修繕も難しい。幸い靖智さんの弟が伝統工法の大工だった。

「昔の道具をちゃんと使いこなしたい」と願い、弟

2

1

1,2 —— 桶職人が消えていくなか、弟で大工の和則さん（1.左）が修理を担う。飛騨中から集めた木桶は、柿渋を塗って手入れを欠かさない。右が靖智さん。
3 —— 11月に収穫した赤かぶを塩だけで一気に漬け込む。

に修理法を授けてもらった。漬物桶は水に強いサワラ材が良く、大きな酒桶や味噌桶はスギ材を使う。中味も重くて頑丈な味噌用と比べ、漬物用は華奢である。タガに用いる竹も外来種の孟宗竹《もうそうちく》でなく、破竹や紫竹など地元産のものがいい。

靖智さんはいつも心のどこかで発酵を楽しんでいた。三重の畑で無肥料無農薬で栽培された大根を、冬の空っ風・鈴鹿おろしで干した後、飛騨でたくあん漬に仕込む。干すと自然に酵母菌がつくが、飛騨だとそれより先に大根が凍りつく。量産メーカーは大根を漬けるプラ桶に菌体を入れて片がつく。けれどそれでは仕事は楽しめない。

寒さに強い乳酸菌

もとより山国の漬物は晩秋に仕込む。それを夏も作るとなれば、人工的に冬を用意しないといけない。さもないと春や夏の気温では、酸っぱくなり過ぎる。つまり漬物づくりの要は、発酵を手伝う菌類をどうコ

3

ントロールするかに尽きる。『よしま農園』の大きな冷蔵庫の中は初冬の頃の3度。そこに腰高サイズの木桶をぎっしり詰め込む。乳酸菌はもともと寒さに強く、気温が1度や2度でも発酵する。ほかの雑菌の働きが鈍る寒の時期にこそ、乳酸発酵がうまく進む。寒仕込みは理にもかなう。有難いことに酸素のない環境下でも、糖類を分解して乳酸を生む。保健所は木桶に漬けるのを「衛生上の理由」で嫌うけれど、プラ桶を使えば自然な発酵の流れからは遠ざかる。プラ桶が、発酵を促す菌には棲みづらい。

野菜類を発酵させて漬物に変える乳酸菌は、そもそも空気中を漂う。野菜そのものにもしっかり付着している。それで下準備は水洗いに留める。全体に塩をまぶすと浸透圧で水分が滲み出し、野菜の旨味が凝縮されて食物繊維と栄養素はそっくり残る。乳酸菌の力が弱いと思えば、漬け込む際に米糠《こめぬか》をわずかに足す。すると乳酸菌が農作物の糖類に反応して、発酵中にビタミン類を増やすので、食べると冬の体が整う。

では発酵時間の短い浅漬の流行が、どこへ向かうのかといえば、風味より食感である。たとえば京都は冬も青物が食べられるし、漬物が乳酸菌に守られた保存食でなくても良い。むしろ千枚漬などの京漬系は、漬物というよりサラダ感覚に近い。古漬が苦手な京人《きょうびと》が多いのも頷ける。地域によって思いのほか勝手自在な漬物生活だ。

不安と誘惑

食品添加物はなぜこうも広まったのか。たとえば春先の桶出し分と、初秋の桶出し分では、漬物の味も当然ちがう。それを加工品として店頭に並べると、客はおしなべて平準化した味を望む。作り手は味がデコボコになる背景を、予め客に知らせないといけない。ご納得頂くには対面販売がいい。その点、作り手が売る朝市は都合がいい。けれど作る側にも不安感は残るので、手っ取り早く添加物で切り抜けようとする。ことに観光地は全国から旅人が集まる。漬けたばかりの浅漬が好みの客もいれば、強い酸っぱさを好む者もいる。ひと夏こすと漬物の酸味と旨味は別世界だ。それなのに万人受けを狙うと、「ああすれば、こうなる」式の効率の良い量産第一をめざして、食品業者は添加物に逃げ込む。

食品添加物の素性は大まかに分けて五つ。一つは豆腐のにがりのように食品製造に必要なもの。二つめは食品の保存性を高めて、食中毒を防ぐためのもの。三つめは食品の品質を高めるためのもの。四つめは風味や外観をよくするためのもの。五つめは栄養価そのものを補充するためのもの。なかでも気をつけないといけないのは、保存性を高める添加物と、風味や外観をよくするための添加物だろう。内外の食材が入り乱れる日本で1日平均60種の食品類から、毎日平均10グラム、年に約4キログラムの添加物を、私たちは自覚せず体内に取り込んでいる。

また漬物の減塩化は、冷蔵や加熱殺菌やプラスチックの真空包装など、技術の進歩に辛うじて支えられていると言ってもよい。特に熱湯消毒「80度で20分」という安全の目安は大きい。これで漬物に歯応えを残しつつ悪玉菌を抑え込む。よしま農園では蔵出しする漬物の7割を朝市で売り、残り3割は通販、ごく僅かを市内の小売店や飲食店に卸す。家では簡単な浅漬も店頭に置けば色が悪くなる。だからキュウリは粕漬と古漬しか作らない。多くの業者が客の顔色を窺い添加物を足す。だが与嶋さん一家は無添加を貫いて自然の法則を多く学んだ。その後、宮川朝市協同組合は、詰め替えや外国産の原材料と農産加工品を一切扱わないことを英断。朝市が農家の晴舞台だという事実に気づき、地場産だけを扱う直売所本来の姿に立ち返りはじめた。めでたし。

漬物の未来

よしま農園が作る漬物の6割は、赤かぶ漬だ。デリケートな伝統野菜なので連作障害にも悩まされるし、風土も選ぶ。9月初旬に種まきをして11月に収穫。収穫期と漬け込みが重なるため、自分の畑にはあまり植えず周辺農家に育ててもらう。肥料過多の野菜は発酵力が乏しく、傷みやすく味も悪いという。なるべく化成肥料は控えるように頼むものの、昔のクセが抜けず取引を諦めた農家もある。農業の効率化と過剰な生産管理に馴らされると人は想像力を失う。

木桶に最低3カ月、中には1年モノもある。漬物石を上に置いて寝かす間は、揺らしても触れてもいけない。それでも何かを誤り、泣く泣く1桶分を廃棄する例もある。著しい気候変動に自問自答の日々が続く。無事に漬けあがると真水で表面を洗って形を整える。袋詰めしたら真空パック器で密封し、80度のぬるいサウナ風呂にこもるような火入れで発酵を止める。

「浅漬風味とかはこれと同じ様にいきません。シャキシャキ感が命の浅漬は、熱を加えると身が柔らかくなってしまう。それでpH調整剤やビタミンCなど、酸化防止剤を加える流れになる。表向きはこれでより家庭の味に近づく。京都みたいにご近所さんが漬物を毎日買いに来るなら、無添加の浅漬の量産もかなうでしょう」

乳酸菌を制する者が漬物も制す。その原理をおさ

1

2

1—— 古いもので、天保年間のサワラ製漬物桶もある。
2—— 名石の産地飛騨では、手頃な漬物石ならいくらでも手に入る。

らいすれば、野菜が含む細胞液と漬液を置換させると、漬液の味が細胞に入り、貯蔵性と風味が増す。塩分濃度が5%以内なら乳酸菌は元気に発酵して数日（浅漬）で風味もつくけれど長持ちはしない。12%以上だと乳酸菌の活動は抑えられ、15%を超すと殆どの腐敗菌から守られ長期保存（古漬）が可能になる。この発酵食品の原点から目を逸らすと、食文化を土地の記憶として残していくのが困難になる。「食べものは人間の精神性を培います。だから食べものを手がける農家自身も、精神性を高めないといけません」。精神性を欠いた仕事は、長続きしないのだ。

　経済の低迷で、身の丈に合う良いものを少しだけ楽しむ生き方が好感を呼ぶ。だから気候風土を味方につけて、コンパクトで昔ながらの漬物づくりに目覚めた。「スモール・イズ・ビューティフルですよ」と笑顔の靖智さん。38年前に一世を風靡した経済学者シューマッハの言葉に、山国の農家でまさか出合うとは。この漬物像の重みが、どこへ着地するか見届けたい。［2011、冬］

取材ノートから

「人口減少時代」の心得

やはり悲劇が起きてしまった。北海道の食品メーカーが浅漬白菜でおこした、集団食中毒事件の顛末が痛ましい。老人ホームに入所中だった抵抗力の衰えたお年寄り8名が、給食に出た漬物に当たり、気の毒にも落命。浅漬は本文で触れた通り、乳酸菌による発酵がないので、保存食に欠かせない殺菌効果がきわめて低い。製造後の保冷や扱いが悪いと、材料に付着した雑菌類がたちまちふえる。8名も繁殖した腸管出血性大腸菌O-157で亡くなった。そもそも浅漬は真空パック詰めのあと、それを袋ごと熱い湯に沈める殺菌措置が義務づけられていない。厚生労働省が事件後に全国の浅漬製造施設を立入り調査したら、案の定、9割近い事業所が殺菌はおろか記録すら全く残していなかった。衛生規範が制定された1981年当時は、これほど浅漬の人気が高まるとは誰も予想しなかったのだろう。家庭で作られていた浅漬を外漬、いや工業化して効率を優先すれば衛生面のリスクが一気に増す。

「家庭でできない特別な技を持ってこそ、職人やメーカーも面目が立つというものなのに」と与嶋さんも首を傾げる。彼独自の判断で殺菌を施す赤かぶの浅漬でさえ、季節限定に切り替えた。震災以降、東北の代わりに飛騨を訪れる観光客が増えたが、購買意欲は下がっていて土産物もあまり売れない。

「1年分の赤かぶ漬の仕込みを11月半ば過ぎに終えて、白菜漬の仕込みに移ったところです。今年から委託栽培を減らして自分の農園ですべて作れるように整えています。自分が納得できるものだけに絞り、計画的に生産量も少なくします。おかげで良い大根も作れるようになった」

高山の宮川朝市もただ物を売るのではなく、農業文化の発信源として志を高くもちはじめた。近頃は、地元スーパーにも並ばない伝統野菜「長人参」などを復活させて朝市だけで扱う。人口減少時代を迎える日の支度、予行演習中と捉えれば、すべてはうまく流れているのだ。

お乳の壁

子牛のごはんは母乳です。人間はそれを食糧にするため餌や交配にまで深くかかわりミルクをとことん搾ります。

乳牛は消耗して命を削ります。

このわがままな酪農の工業化に牛の目線で向きあい、生乳の壁に挑む小さな牧場を北海道で見つけました。

牛の親子は絆が強い。生まれてまもない子牛が乳首をくわえると、母牛は初乳に托して病気を抑える抗体と消化酵素をわが子に移す。少しでも早く抵抗力をつけて元気に育ってほしいと。お産から10カ月ごろまで母牛はお乳を出す。子牛が飲む母乳は日に約4リットル。春になれば放牧地は緑に染まり、母乳の匂いや色まで変わる。「おや、オッパイが変わったぞ」と子牛は気づき、やがて母牛を真似て草を食《は》む。人類は何千年もかけてそんな親子の習性を見すえて手なずけ、日に最高80リットルもお乳が搾れるほど都合のいい哺乳類に育種した。ある者はもっと早く肥やそうと考え、草食動物なのに肉骨粉を与えて狂牛病の禍を招いた。野山を駆け巡っていた太古の牛の眼に、現代酪農を担う乳牛たちはどう映るのだろう。

「モーが響かない」
牛の幸せを想いやる零細酪農家

とかち帯広空港から西に30分ばかり車で走った、十勝平野の中ほどに『想いやりファーム』という名の、パステル調の看板を掲げた牧場がある。3月下旬の北海道は日差しこそ暖かいが、周辺の原野には2メートル近い積雪を残す。牧舎と牛乳工房の奥に広がる28ヘクタールの牧草地も、まだ銀世界の下に眠る。長谷川竹彦さん（56歳）がこの牧場を開いたのは20年前。ホルスタイン種の親牛45頭からでスタートした。規模だけみれば零細酪農家のデビューである。

いま飼育しているのは、親牛25頭と子牛15頭でさらに少ない。ところが飼育係と工房担当の計14名は力を合わせてよく働く。道内では、夫婦で最低百頭飼わないと、いまどきの酪農は採算割れするのに、この牧場はどんな志で営まれているのか。

「うちの子牛は生まれた瞬間から、必ず女性スタッフが1人つくので、みな親子みたいな愛情がわく。だから頭数をまだ減らしたいくらい。酪農や乳牛の世界に自然と呼べるモノは今や何もありません。せめて牛の幸せを第1に、少しでも本来の自然体に戻してやりたい。でもいきなり自然に還せば死んでしまいます。それで雑草と乾草にだんだん慣らして、穀類飼料を2年前にやめました」と長谷川さんは乳牛のミルクマシン化を拒む。想いやりファームが追い求めている理念とは何か。

まず気づいたのは、牛が全然鳴かないこと。滞在中、モーという鳴き声が全く聞こえない。牧舎では斑模様《まだら》の若牛たちが、コンクリート敷の餌桶《えさおけ》に盛られた乾草を、柵越しに首を伸ばして静々と食べ続ける。長谷川さん曰く、「牛が鳴くのは何かに怯えたり、お腹が空いたり不快感を訴えるときだけ。うちでは決して後ろから牛を無理やり追い立てたりしません。ともかく牛の都合に合わせていれば、滅多に鳴かない」と。牛も人もみな同じくふるまう。

生乳という壁

この想いやりファームが出荷するのは、全国でも4カ所しか製造していない「特別牛乳」だ（※残る3カ所とは神奈川県の雪印こどもの国牧場、京都府の農事組合法人クローバー牧場、福岡県の農事組合法人白木牧場）。しかも日本で唯一の「無殺菌生乳」を売る。受

1

2

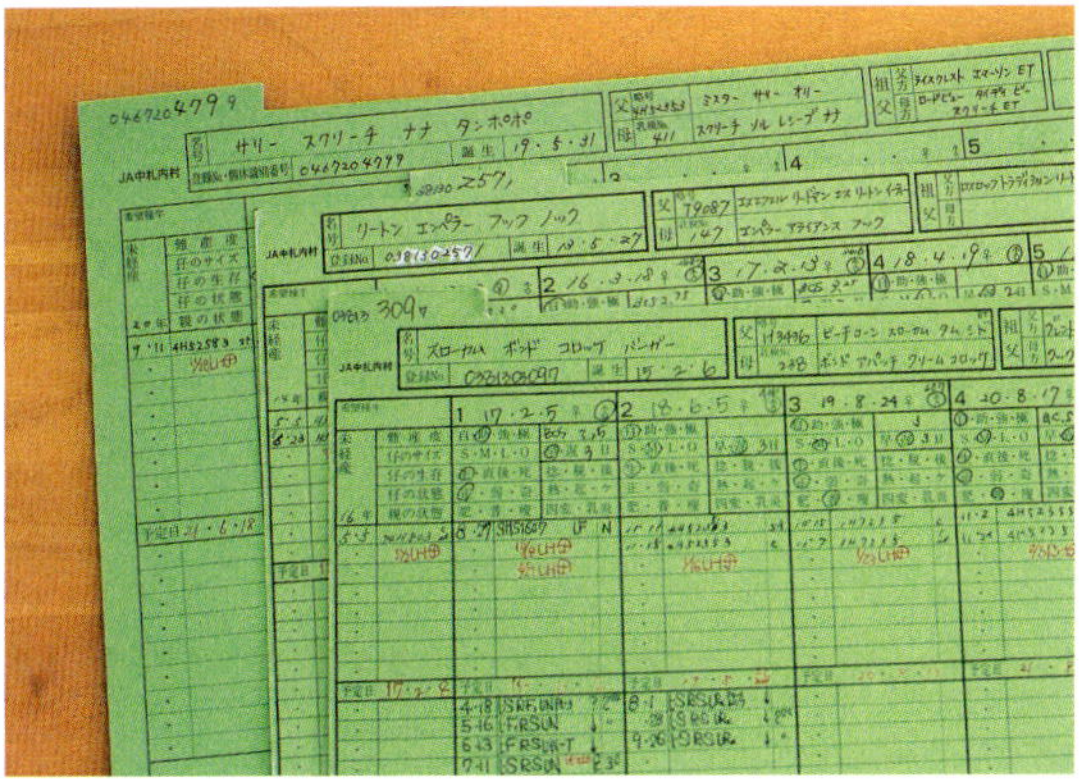

3

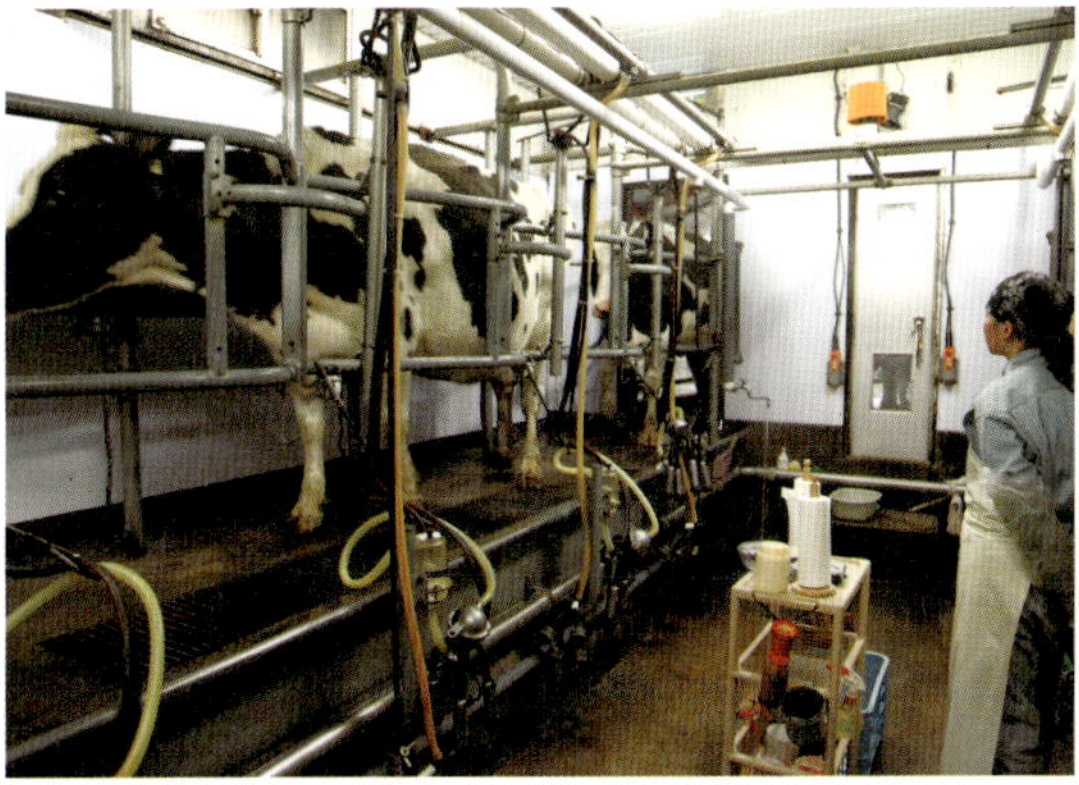

4

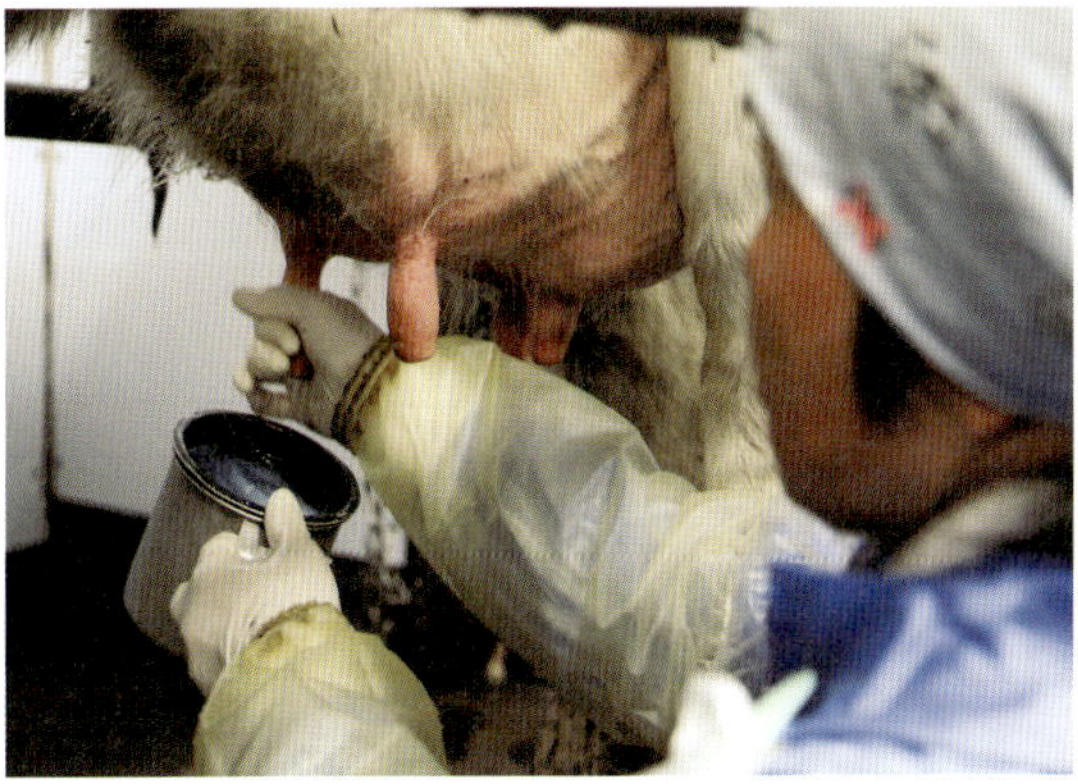

5

1――新人飼育係はまず牧舎で、ベッドメイキングと呼ぶ砂を敷いた牛の寝床の手入れを学ぶ。
2――行動よりもまず観察の大切さを訴え続ける長谷川さんに、どの牛もよくなついている。
3――カルテには、1頭ごとに父母の血統と産児数が細かく記され、なかには7頭も産んだ長寿乳牛も。できれば牛の一生を最後まで面倒みたいという。20年前は道内中にいた、10歳クラスの乳牛も、今は見かけなくなった。
4――牛たちは催乳感を覚えると、誰に強制されることもなく三々五々搾乳場のなかに、そろりそろりと入っていく（この日は約20分かかった）。搾乳が終わるとすっきりした表情で、また牧舎に戻っていく。
5――ミルカーを着ける前に、必ず乳頭内に残っている古い乳を手で搾り出しながら、乳牛に搾乳開始の合図を伝えて緊張をほぐす。（4、5　撮影・長谷川竹彦）

注生産で、その数は720ミリリットル瓶で日に平均3百本以上と180ミリリットル瓶を2百本ほど。小さな酒蔵並である。

まず特別牛乳の認可を得るには、六つのハードルを越えないといけない。搾乳は牛舎と別の衛生状態のいい搾乳室に牛を移して行うこと。搾った生乳は運ばずにその場で容器に詰めること。総細菌数が1ミリリットルあたり3万個以下のこと。大腸菌群が陰性のこと。殺菌する場合は63~65度の間で30分加熱すること。処理後はすぐ10度以下で冷却保存すること。

牧舎では食餌と排泄が延々と繰り返されるだけに、つねにスタッフ全員の連携が問われる。そこを解決した先に、無殺菌の奇跡がある。早い話、子牛が飲むのと同じ母乳をそのまま瓶に詰めて出す。この無殺菌生乳は、遠く沖縄まで届けられる。そんな消費者からの人気が、スタッフ全員の職人気質も育む。無殺菌のまま世に出す工房の慎重さが並でない。滅菌したガラス瓶への充塡が済むと毎日6時間かけて、必ず装置一切を分解して二度洗浄するのだ。

一滴も無駄にできない牛乳を

国内で一般に売られる牛乳の9割以上は120~130度で2~3秒加熱する超高温瞬間殺菌(UHT)

1

2
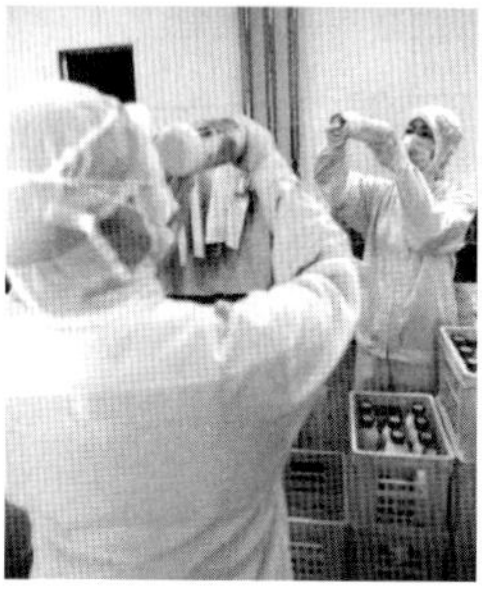

3
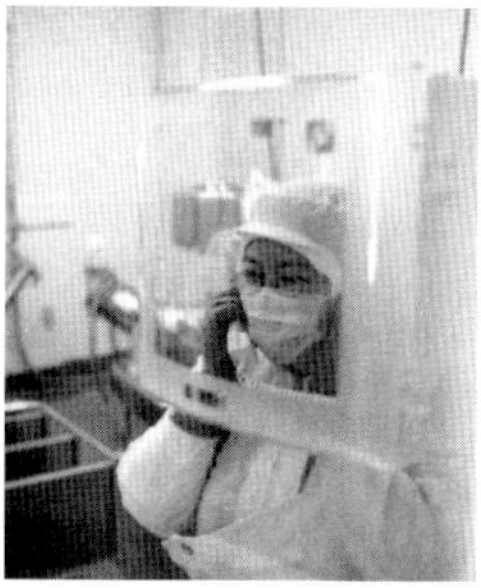

1――使い終えた製造機材は、完全に分解して酸性とアルカリ性の洗剤で二度洗浄して、乾かすまでに計6時間。
2――検品は目視で1瓶に30秒以上かけて、わずかでも怪しければ外す。
3――塵一つ嫌う生乳充塡室に入る前は、手洗いや白衣の身支度に30分。エアシャワーを浴びて入室後の連絡はすべてインターフォン。

を施している。原乳段階でこちらは総細菌数が1ミリリットルあたり30万個以下とゼロも五つ並ぶ。乳房炎などの菌が混ざるからだ。つまり生乳をそのまま無殺菌で出荷するなら、乳牛の健康状態をいつも最良に保ち、その数値を限りなくゼロに近づけるしかない。長谷川さんにとって細菌の数は、乳牛の健康状態を示すバロメーターなのだ。同時に飼育環境もそこに現れる。あえて自社基準は5百個以下までと英断。牛によい乳酸菌はそこに含まない。そのべらぼうな少なさに驚くのはまだ早い。結局、その数が5個以内の場合のみ、生乳として全国に送りだす。

ここまで徹底すると、現場での乳牛の世話や掃除も、工房での充填と検品も、そこに流れる時間もがらりと変わる。朝昼晩と牧舎の床を濡らす排泄物を、若い仲間がきびきび片づけ、新しいカンナ屑をまく。床も牛の華奢な脚を痛めない素材にした。砂を敷いた牛のベッドも、搾乳中に丁寧に均らしてすぐ休めるように整える。それはまるで牛を主人公とした舞台のようだ。

「人が生きていくための食べものは、本来みな命であって、商品ではありません」

この姿勢は彼が食品メーカーに勤めていたころに気づいた、利益至上主義のデタラメな現実の裏返しとして培われたという。それから十勝の中札内《なかさつない》一帯で休日の代役を果たす酪農ヘルパーを3年経験。派遣先で見聞きした飼育スタイルを、自分なりに練り直した結論として現在がある。20年かけて施設と人を調えた。この先は規模拡大やブランド化に走らず、牛に優しく、一滴も無駄にできない牛乳として、競争しない生産モデルを確立したいと胸をはる。

牛の目線に立つ

どの牛も毛艶が良くて表情が柔らかい。しげしげと眺めていると、「牛に近づいても構いませんが、餌を靴で踏まないように」と釘を刺された。餌から不測の雑菌が口に入るのを怖れるのだ。草食の牛の胃袋は、人間みたいに強酸性の胃液で殺菌する雑食モードになっていない。胃の中に棲みつく細菌類や原生動物の力をかりて、牛は草に含まれる膨大なセルロースを分解していく。そんな哺乳類に完全無菌のお乳を求めて、早とちりにも殺菌剤を与えようものなら、消化器官そのものが壊れてしまう。だからこそ牛本来の消化器系にみあう食餌は、穀類より繊維質の多い牧草の方がふさわしい。けれども生乳に含まれる乳脂肪率を牧草類だけで高めるのはなかなか難しい。

「牛の目の前に穀類の混ざった配合飼料と牧草を並べるでしょう。すると99％の牛が、配合の方だけ平らげるんです」

と長谷川さんが困った顔をした。濃さを売りにしたい面々によって、現代牛は穀類を好むように馴らされた。その習性を断つのに、彼は18年もがんばったのだ。

夕方4時。牧舎と搾乳室を結ぶ広い通路の仕切りが外される。朝に続く二度目の搾乳にとりかかるのだ。しかし牛は一向に動く気配がない。ようやく20分して1頭が歩みだす。牛まかせの文字通り牛歩。すると別の牛も数分おきに、それに釣られて搾乳室前まで、たらたらと集まるではないか。乳搾りは万事この調子で、牛の意志で動きだすのを、朝夕ただじっと待つ。

「健康ならばお乳が張って自然と搾ってほしくなる。人が追い立てる必要などありません」といって、長谷川さんは搾乳室の中に消えた。

搾乳室のミルクパーラーから伸びた吸乳器のミルカーを使うと、2人で4頭を一度に搾れる。子牛は1時間におよそ170回乳首を吸う。ミルカーはこの生理現象にならい、エアポンプで圧力を変えながら5分で搾る。欧米で発明されたのは20世紀初めで、1940年代に入って実用化が進んだ。乳業機器メーカーはその後、吸乳の完璧さを競った。今のミルカーは自動洗浄までしてくれる。それでも人の手と牛の乳房は、搾乳前に十分に清めないとパイプ内の無菌が保てない。また乳牛が大人しくしないと、装具が外れて床に落ちる。ふつう、酪農家は1日中忙しいから、平気で10頭くらい同時にミルカーを着ける。これでは咄嗟に対応できない。床に落ちたミルカーの口からは雑菌侵入を許すこととなり、最悪は出荷停止につながる。自動搾りはリスクが大きい。それで集荷後に高温殺菌を施すのだ。

ついでに言えば、ミルカーに不慣れな牛は乳房炎を起こしやすい。乳房炎は抗生剤注射で治す。だが、この抗生物質が原乳中に残るとしばらく商品化できない。さりとて蛇口を閉めるようにもならず、いつも通りに搾って捨てるほかない。酪農の規模を拡大していけば、結局ミルカー頼みの効率主義を招く。つまりパイプ内の滓《かす》を餌に繁殖した細菌類が、新しい次の生乳に混ざり易くなる。飼育乳牛の多頭化は、やはり非加熱の生産との真逆にある。

高温殺菌の表と裏

小学生のころに牛乳工場を見学した方はきっと大勢いるだろう。ステンレスの保冷タンクとパイプ類が縦横に走る光景に、モダンな清潔さを感じたものだ。各牧場から生乳をタンクローリーで集めて全部混ぜ、1950年代末からそこにUHTを施していた。牛の体調も世話の焼き方も各牧場で違う。熱意も嘆きも手抜きも一緒くたに、とにかく腐敗のもとを高熱で根こそぎ断つ。牛乳はスーパーの店頭に並ぶ安売りの目玉、品切れが許されない商品だった。それで管理の楽な方に進む。しかしUHTは高圧にすることで沸点を上げているため、タンパク質の焦げ臭がつく。想いやりファームも、余った生乳は毎日残さずタンクローリーで農協に回収してもらう。

結局、国内で年間約8百万トン以上も搾られる生乳はこのUHTで加熱され、少子化の波で消費量が減

り、加工用に流れこむ量も多い。そんな製品中に生きた乳酸菌や酵素が残るのは稀だ。ヨーロッパ圏の牛乳は賞味期限の短い72度以上で15秒以上加熱する高温短時間殺菌が主流で、風味に差がつくのも致し方ない。そんな「業界の常識」という海で、世にも珍しい無殺菌の生乳を各地に届けて、牛を慈しみながら、小さな船を漕ぐ厳しさがおわかりいただけただろうか。

スケールメリットの寿命

この牧場からは、自然と文明の板ばさみで苦しむ乳牛の悩みが透けて見える。それよりもいたずらに搾乳量を増やさず、1頭から1日11リットル位しか出ないようにすると、素顔の生命サイクルに近くなる。牧草と乾草だけで育てる労は大きいが、野牛が過ごしていた、昔の原野での時間がなぞれる。配合飼料をたくさん与え続けて、過剰に牛乳を搾る酪農作法は、考えようによっては虐待に近い。無理やり穀類を押しこまれる高泌乳な母牛は平均寿命5年弱。2頭も産めば体がボロボロになる。晩年は少し肥育してから屠畜《とちく》されて肉屋に並ぶ。かたや長谷川さんの乳牛は一生に7頭も子を産み、最低10年は牧場で過ごす果報者たちである。

冷たい生乳を瓶から直接流しこむと、かすかな乾草の香りが口に広がった。サラサラして深みがある。冷えていなければ、子牛が飲む母乳と変わらない。生乳には数字に現れない、不思議な力がまだまだあると思う。そんな牛乳の白さに心が和む。

3代遡ると地球人口も20億台なのに、今は68億台の中の1人として同じ星に暮らす。そのなかで出来ることは何だろうか。きっと食糧難が起きれば家畜用の穀物飼料はたちまち不足し、暴騰した餌代で酪農も畜産も、あっという間に規模が縮む気がする。規模拡大というスケールメリットばかりを追う時代の命はもう短い。私たちは丁度その変わり目に立ち合っているのではないのか。哺乳類の恵みを長く無駄なく活かす酪農環境。それが共存を愛する、食の新しい受皿だということを忘れたくない。［2010、初夏］

取材ノートから

「しぜん」という誤訳

黒船来航という強圧的な文明ショックから20年ちょっとたった1866年（文久6年）、前田留吉が和牛6頭で始めた日本人初の牛乳製造ビジネスの種は、1合6銭もする高級飲料だった。時代的には細菌学者パスツールが低温殺菌法をあみだした頃と重なるが、蒸気殺菌の技術が日本で活かされるのは約50年後の話らしい。つまり、横浜在住の外国人から留吉に伝授された牛乳も、長谷川竹彦さんが貫く「想いやり生乳」にほぼ近い非加熱飲料だったのではあるまいか。そんな風に思うのも、当時牝牛1頭から搾れるお乳の量はせいぜい年に百リットルだったからだ。裏返すとその頃はまだ、あくまでも子牛に授乳するための母性機能が、牛本位な生来のまま保たれていたことになる。ところが150年近くたった現在の酪農界では、たった1日で1頭50リットルを搾るのが当り前になってしまった。その背景にはビジネス拡大のために牛をどんどん改良し、お乳を大量に搾った結果、価格が安くなり、牛乳の大衆化に拍車がかかるという人間本位なワケがある。果して牛乳は、食品スーパーの安売り合戦の目玉になってしまう。乳牛は目玉商品の名目のもと、「工業化」されて命を縮めながら、その大半が畜舎で一生を過ごす。「想いやりファーム」のような自然放牧による牛乳生産は、日本の酪農全体のわずか2％に過ぎない。

ところで江戸時代まで〝自然〟と書けば「じねん」と読み、「本来そうであること」「おのずからそうなること」を指した。それが明治に英語の〝nature《ネイチャー》〟が伝わり、〝自然〟を「しぜん」と読ませて逐語訳したとき、東洋の仏教的な「あるがまま」という自然観はそこから抜け落ちた。西洋人はネイチャー（野生環境）を、文明の及ばない征服すべき領域として対立的概念で捉えてきた。想像するに、初めて西洋式の酪農に挑んだ日本人は、農耕牛として苦楽を共にした家畜の大切なお乳を、都合よく量産することには慈悲深く悩んだに違いない。飼育頭数と搾乳量を年々増やすには、手間のかかる放牧を諦め、てのひらで行う優しい乳搾りも消えて自動化が常識になる。この流れに竿を差して「じねん」に戻ろうとしたのが長谷川さんだ。21世紀の文明の見直しはいま、家畜の生存権まで視野に入れ始めている。

覚悟の納豆

ありふれた食べものの本当の美味しさを忘れてはいませんか。
スーパーの棚にぎっしりと並ぶ発酵食品の納豆はどうでしょうか。
作り方がシンプルなので昔は冬仕事の片手間に
農家が自家製をこしらえていました。そんな手づくりの味を
復活させた元・機械屋さんを栃木に訪ねました。

「土納豆《つちなっとう》」と呼ばれる型破りな料理がある。栃木県那須地方に伝わる冬の郷土食だが、縄文時代のように素朴な発酵法が面白い。まず大鍋で煮つめた大豆を、稲ワラを束ねたワラ苞《づと》に詰めこむ。まわりに少し水をかけて湿らせ、さらにムシロに包んで荒縄で縛る。それを深さ60センチメートルほどの穴に埋める。むろん普通の穴ではない。かき集めた落葉や小枝を穴の中にたっぷり詰めて、そこで焚き火をあらかじめ行う。真冬の外仕事でも焚き火を囲んで一息つけるからありがたい。やがて燃え尽きて赤々とおき火になる頃、土を軽くかけて熱源を覆い、そこへ先ほどの大豆のムシロ巻きを放りこむ。あとは上から土をこんもりかけたまま、ほかほかな土中で静かに寝かせて待つ。

1晩過ぎて2晩がたち、3日目の朝を迎えたら、ワラ苞を土中から掘りだして台所に運ぶ。稲ワラに付着していた納豆菌が、湿気と温度と酸素を程よく整えた室《むろ》に等しい環境下で、寝かす間にぬくぬくと大豆に具合よく絡んで、みるみる育つ。しかも焚き火の余熱で稲ワラや土中の雑菌が消毒されて、120度近い高温に耐えるタフな納豆菌だけが生き残る。この合

ホンモノのワラ苞納豆。煮上げた大豆を熱いうちにワラ苞に収め、熟成庫で丸２日寝かす。納豆菌はわがままだから、酵素を万遍なくいきわたらせないと粘りが強くならない。自然発酵が程よく進むと、保冷庫で１日休ます。出荷まで４日を要する。

理さが柔らかな煮大豆を、ネバネバしてすこぶる糸引きのよい、発酵食品に変身させる。このネバネバこそ、美味さを醸すグルタミン酸を中心としたアミノ酸の塊なのだ。

那須野原は那須岳から空っ風の吹きおろす辺境だったが、開拓民が明治の頃に大勢入植した。年の瀬の冷えこむ庭先で穴を掘り、農民が焚き火で暖をとる納豆づくりの姿は微笑ましい。年が明けるとそんな土納豆を、つきたての餅にのせて大人も子どもも頬張った。今となっては幻みたいな納豆物語だ。この土に埋める方法は誰がやっても発酵がうまくいき、美味い納豆もたんと手に入ったという。本来、納豆づくりは、目に見えにくい発酵を細かく調整しなければならず、ハードルが高く素人はもてあます。それでも自然まかせの観天望気の日々に自家製納豆が定着したのは、救荒《きゅうこう》作物の大豆と相性のよい土に恵まれ、それなりのご馳走になったからではあるまいか。

「土納豆」を含む、栃木で育まれた納豆づくりの技と食習慣は、お隣り茨城の水戸納豆の流れをくむ。もっとも大豆をとやかく語る前に、上質な稲ワラができる田んぼが近くになければ話にならない。農村地帯での納豆づくりは、プロの仕事というより、田んぼの副産物である稲ワラを使った農民のお楽しみ領分。農家同士が自慢の腕と味を競う地産地消の品だったのだ。

納豆を変えた事件

ところがこの伝統的な郷土食の行方を狂わす大事件が、戦後しばらくたった1953年3月に千葉で起きた。ある納豆業者が、稲ワラが小動物の糞尿で汚れていることに気づかず、消毒を十分にしないままワラ苞に使ってしまったのだ。果たしてサルモネラ菌が製品に混入。その納豆を食べた人の多くが食中毒を起こし、ついには3名が命を落とした。これを機に納豆業界では、稲ワラを納豆菌の発酵の培養基として使う、昔ながらの自然な納豆づくりに二の足を踏むようになる。そして稲ワラだのみの納豆菌に代わって登場するのが、稲ワラから遊離させた納豆菌を大豆に噴霧するという画期的な手法だった。

それは納豆が農村の牧歌的食生活から切り離され、風土に縛られない大衆食になった瞬間でもある。この工業化と均一化は今も続く。おかげでドロドロに粘って糸を引く、納豆本来のワイルドな姿は薄れた気がする。けれどマイナス面ばかりでない。これを境に、人にとっては有用な納豆菌の生化学的な研究が進み、新種も多く見つかる中で発酵のなぞが解き明かされていく。食後の胃酸にも負けぬタフな納豆菌が小腸にまで達して整腸作用を発揮したり、稲ワラに自生する納豆菌が煮沸に耐えうる事実もその一つだろう。

全国納豆協同組合連合会（以下、全納連）という業界団体が創設されたのは、そんな悲劇のちょうど翌年。戦後の食糧統制が解除されてすぐだっただけに大豆は品薄で、たとえ輸入されても優先的に味噌や豆腐業界に流れてしまい、みんなで力を結束せざるをえない事情があった。そのかいあって、納豆は間もなく市場に並びだした。

大衆食の戦国時代

全納連には現在216社の企業が加盟し、味と品質の向上をめざして毎年「全国納豆鑑評会」と銘うつ審査会を開く。色や形、香り、糸引き、味などを粒サイズ別に競う。国産大豆は外国産より値段も高いので、豆より付属のタレで勝負する企業もあって百花繚乱《ひゃっかりょうらん》の感さえする。輸送網を整えたスーパーとコンビニが各地に乱立する平成は、納豆の戦国時代といえる。長引く不況に値崩れもいよいよ激しくなり、むしろそれを契機に毎年シェア争いが続く。資本力を武器に1997年から新規参入したミツカンが業界2位につけて、他社吸収で勢いに乗る。いつ淘汰が始まってもおかしくはない。

薬品処理したワラ苞を、単なる包装として用いて稲ワラの香りを漂わす昔風のものや、経木《きょうぎ》に包んだ製品もつくられてはいる。だが、残念ながら全納連には、稲ワラに棲む納豆菌だけを使うメーカーは、数少ない。大家族が核家族になった戦後、ひとりで食事をする個食化がとことん進んだ。その結果、昔みたいに薬味を加えて練った納豆をたっぷりとドンブリに入れて、食卓で分かちあう場面も少ない。そんな切ない背景に、小さな発泡スチロール容器の納豆3個詰めパックが量販店に並ぶのである。いつのまにか納豆の姿に今の日本そのものが映し出されるようになった気がしてならない。ただし容器が小さくなればなるほど、味を左右する発酵温度が保ち切れず納豆づくりの壁は高くなる。

奇跡の自家製納豆との出合い

さて、古きよき故郷の味の記憶が忘れられず、ついに職業まで変えて納豆づくりに打ちこむ人が栃木県真岡《もおか》市にいる。1935年生まれの福田良夫さん(75歳)。福田さんは少年時代、田んぼの畦に植えられた大豆を使って、自宅できな粉や味噌や納豆をこしらえる有様をいつも目にして育ったという。しかも生家のある集落40数世帯が必ず暮れになるとこぞって納豆をこしらえた。昔からそこで食べつけていたのは、地元に伝わる小粒な在来種の大豆である。

「自家製の納豆づくりは並べ方一つで納豆菌の機嫌が悪くなり、発酵が進まないでよく失敗するんです。失敗すると糸をさっぱり引かず、味も美味しくありません。どこの家も冬に結構な量をこしらえました。だからもし失敗したら、うまく作れたよその納豆を分けてもらい、お餅と一緒に食べたもんです」と血色のいい福田さん。

30代で電子部品の小さな下請け工場を地元で始めて、1990年代には40人規模の地場企業にまで育てあげた成功者である。技術畑を長らく歩んできた人が、幼いときから納豆好きだったとはいえ、なにゆえいきなり納豆屋に転身したのか。

「ある時どこかで女房が手づくり納豆を貰い、食べたらあまりに美味くてびっくりした。調べたら近くの農家のお爺さんが、昔のまんま自分用に作っていたんです」

それはとろけるほど柔らかく豆を煮込んでゆっくり発酵させた、糸をしっかりと引くものだった。農村な

在来種の大豆「納豆小粒」は、そのまま食べてもあまり味がしない。

らではの食習慣が都市化の波に飲まれるなかで、辛うじて生きながらえていたのだ。このネバネバと糸を引く納豆も、地域ごとに大豆の扱い方やサイズが少しずつ違う。全国的に見ると3通りで、豆を丸ごと煮た丸大豆納豆と、炒った大豆を粗く挽いたひきわり納豆、それと麹と塩でひきわり納豆を熟成させた五斗納豆だ。高齢化社会を迎えた近年、噛むのが楽なひきわり納豆はお年寄りに人気が高い。江戸時代に庶民が好んだのも、やはり納豆を庖丁で細かく刻んでこしらえたのを流しこむ納豆汁だった。

原点回帰と「機械屋」の粘り

素人の福田さんは古老に教えを乞い、無農薬栽培の国産の大豆と稲ワラを100%用い、やがて自己流で納豆の世界に飛びこむ。稲ワラの納豆菌で作る試みは、菌床となる稲ワラ自体の質がよくないと美味しくならない。当然ながら発酵にはムラがでる。発酵食品は安定した工程管理が難しく、自然派の納豆屋になる道は険しかった。

「汎用性が高い部品メーカーほど不況に強い。工業界で培った技と生産管理力を食品づくりに移植する自信はありました」

食品に携わりだして真っ先に驚いたのは、食品業界のあまりの杜撰《ずさん》さだった。自然界の中にある筈がないものを平気で入れてしまう感覚もその一つ。関係者には耳の痛い話だが、部品の精度や歩留まりを必死に高めて業界を生き延びてきた機械屋には、素材の特性を狂わすまがい物を混ぜる発想が理解できない。さらに衝撃の事実を知る。

「ラベル表示法を農水省に聞くと、国産大豆使用とタイトルにうたうのは、実は輸入大豆に一摑み国産を混ぜただけでも許されるという。これには仰天しました」

地元の名人を師匠としたものの失敗の連続で、工場新設のつもりで購入した土地も、膨らむ開発費にあえなく手放した。

電子部品を組み立てていた社屋を改造し、天井に最新の空気交換器をとりつけても、室の調整は難しい。9時間がかりで煮上げた小振りな大豆を、熱いうちにワラ苞に詰めて、半畳ほどの室に入れる。すると温度はゆっくりと56度くらいに達し、やがて下がり出す。好気性の納豆菌は酸欠すると豆が糸を引かない。逆に過発酵だと風味がガクンと落ちる。30分毎に電子温度計を確認するため気が抜けない。室の隙き間に手を当てると、２日がかりで納豆菌が静かに息をしながら熟成する様が、穏やかな熱として伝わってきた。発酵が済むと５度の保冷庫で休ませる。衛生面のリスクもワラの完全煮沸で克服し、どうにか商品化にこぎ着けたのが２００２年秋。明くる年、真岡保健所から正式な認可もおりて、いまわしい事件以来、ぱたりと途絶えていた本格的なワラ苞納豆が、半世紀ぶりに復活した。大豆もいろいろ試した末に、かつて水戸納豆用に栽培されていた地元の在来銘柄「納豆小粒」にたどりついた。品質での勝負は機械屋の時代に痛いほど味わってきたので、発酵とつき合うのは少しも苦にならない。

納豆菌だけを残すため、ワラ苞を百度で20分間、煮沸消毒をする。

つながる舞台裏

時代は減反とコンバインの普及で稲ワラに価値を見いださない。それだけに手作業で刈って、はさ掛けで自然乾燥させる、安全な稲ワラの確保に心を砕いた。車で30分ほどの筑西《ちくさい》市に熱心な稲ワラ屋があるというので一緒に訪ねた。稲ワラセンター・鈴木商店の主人鈴木正志さんは、今どき珍しく緑地の下ワラや厩舎の敷きワラ、牛用の餌ワラなどを一手に扱う。ワラ苞も鈴木さん自身が１本１本手がける。それを福田さんのところで完全に煮沸殺菌する。トラックで自らかき集めに行く稲ワラは、主に福島県産だ。ワラ苞納

2　1

1 —— 本来、ワラ苞の納豆づくりは冬だけのもので、通年生産では温度、湿度の管理が難しい。電子部品製造時代の厳しい工程管理が、ワラ苞納豆づくりにも生きる、不思議な会社、株式会社フクダ。
2 —— 電子部品会社創業来の鉄則「全品検品」を食品製造でも守り続ける。

豆復活が実は何世紀もかけて築かれた、農業システムの一端と繋がっていることが改めて感動を呼ぶ。稲ワラが再評価されると米農家も喜ぶ。

「収穫を終えた晩秋に集めに回ると良く来てくれたと有り難がられる」と鈴木さん。そんな良質な稲ワラが手に入る所には、メダカやドジョウの泳ぐ小川がまだあり、春にウグイスが啼《な》き、夏は蛍が舞うそうだ。

起業から12年目。月に7、8千本ほど納豆がさばけるようになった。ただし1本に百〜3百グラムとみっちり詰まっているので値段は千円前後と安くない。

だが、からだの芯をつくるのは、これといってかわりばえしない普段の食事なのだ。納豆もそうやって日本人のからだを昔から、コツコツと築いてきた大切な食べものの一つだった。こうしたありふれた食材をないがしろにすると、どんな贅沢をしても豊かな食卓にたどり着かない。食卓に向かうときの心の豊かさは、ありふれたものを大事にするところから始まる。ワラ苞納豆の復活が、安さを競うだけに陥りがちな食文化に投じた一石の意味は重い。［2011、春］

土中に棲むバチルス系の納豆菌は多種多様。それゆえ、納豆は風土に根ざす味だ。工程の大部分が手作業ゆえに、食卓を囲む大家族向けのワラ苞納豆300グラム入りで1200円と値がはってしまうが、直営ショップではそのおいしさを知ってもらうために、納豆定食も出している。

取材ノートから

田んぼの贈り物

　都会にばかり住んでいると、稲ワラにも良し悪しや需要があることを忘れてしまう。燃やすにも使い勝手に差があると教えてくれたのは、高知出身でカツオの土佐風タタキを製造する名人だった。肥料たっぷりの田んぼで育つ稲のワラだと黒こげになるといって、彼は北朝鮮産の稲ワラを愛用していた。「国産は栄養が良いのか火力が強過ぎてダメ。その点、北朝鮮産のワラは痩せた水田で育つから火加減もほどほど」と自慢した。中央競馬会の厩舎で使う、敷きワラを扱う商社が入手先だった。

　副産物の稲ワラを商品として扱う農家は、耕耘《こううん》機を小さくしたようなバインダーで刈り取る。脱穀まで同時に行う大型コンバインが米作の主流になった頃、稲ワラも全国各地を探さないと良品が手に入りにくくなった。近年のワラ苞納豆の人気は、そんな副産物と農村食文化のコラボレーションのようなもの。ところが3・11による原発事故は、飼料用に野積みしてあったワラの山に放射性物質を降らせた。福島県白河地方の米作家は痛手を負い、それを食べた牛も内部被曝。その直後、ワラ苞が売物の「フクダ」も風評被害で売上げが落ちた。だが、ここで立ち止まるフクダではない。電子部品製造時代に培った厳しい品質管理力で、即座にワラの産地の見直しにかかり、さらに栽培法まで厳選した。果して以前は平地の田んぼで栽培された稲のワラだったが、今は栃木県茂木町の山間に広がる有機栽培水田で育つ稲ワラを使う。ワラ自体の品質が良いと、納豆菌も元気に育つという。しかも栃木県の推奨品に選ばれたお陰で製品に使うワラと大豆は、県産業技術センターが厳密な残留放射線量の検査を行う。結果は、調査が始まってから２０１２年11月現在まで、すべて検出限界以下という。大豆のミヤギシロメは3・11以前に収穫されたものを大量保有していて当面は大丈夫だ。ともあれ今回の原発事故で稲ワラ文化が食品から、泥と混ぜて発酵させる左官材まで、深く根を張っていることに気づかされた日本人は多い。

海編

海苔の来た道

ほかほかご飯に香ばしい焼海苔は日本の朝のささやかな楽しみです。でも昔と味が少し変わった気がします。この海の野菜の生産量は年に約90億枚。外食産業やコンビニの席巻は海苔づくりの流れを大きく変えました。なつかしい味を届ける少数派を有明海の産地に訪ねました。

海苔で包んだせん餅を品川巻と呼ぶ。沖で海苔漁が盛んだった東海道品川宿で、名物の採れたて生海苔を刻み、旅人の口を悦ばせたことにちなむ。でも、江戸時代は海苔がどのような一生を過ごすのかがわからなかった。ともかく遠浅の干潟に木の枝や竹を秋口にずらりと差しこんでおくと、運がよければ枝先に海苔の種がつく。3カ月たつと大きな海苔に育つので冬に摘み取り、問屋が一手に買いとっていった。

これが保存しやすい乾物となるのは、浅草の再生紙業との出会いが大きい。リサイクルを尊ぶ江戸城下では、書き損じや不要になった古紙を、水に溶かしてまた紙に漉いて商った。海苔も刻んで水に溶かし、ヨシ簀《ず》の枠に流しこめば、紙のような乾物になるではないか。はたと気づいて天日にさらすと、めでたく乾海苔のできあがり。江戸中期になると、軽く炙って、そこに酢飯と具をのせて巻く海苔巻きが、たちまち江戸っ子の評判を呼んだ。けれど養殖法は品川大森界隈から門外不出の独占状態で、難しい海苔養殖は明治を迎えるまで各地になかなか広まらなかった。

海苔網を張る支柱立ては９月半ばに始まる。干潮時に水深
1.5メートルの沖で行う力仕事は、畑づくりの感覚に近い。

しかし第2次大戦後、イギリスの海藻学者キャサリン・M・ドリューが生態のナゾを解く。それを契機として、産地は全国に散らばっていく。やがて画期的な着想により、増産が驚くほど進む。冷凍網栽培といい、タネ網を30枚ちかく重ね張りして海に浮べ、そこに種つけしたら半分を漁場に残す。あとの網は育苗なかばで引揚げて冷凍庫の中に。それを順繰りに海中に戻せば、春の訪れ寸前まで何毛作でも収穫がかなう。品種もアサクサノリより丈夫で生育が早いスサビノリに転換。こうした増産で海苔もいつしか身近な味となった。その一方で1960年代になると、干潟の埋め立てと工場排水による海の汚染で、江戸前の海苔漁師がみな廃業。1980年代にはコンビニの隆盛とおにぎりの発売が重なり、外食産業の現場で欠かせないものになっていく。しかし、需要に反比例して減っていった海苔師は、機械化とともに「質より量で稼ぐ」仕組みに転換していった。ここまでが手短な海苔の履歴書である。

本来の海苔らしさ守る小さな海苔漁協

佐賀空港から車で福岡県柳川《やながわ》市に向かう30分ほどの間に、筑後川河口や沖端《おきのはた》川などにかかる橋をいくつか渡る。すでに川面は引き潮で干潟となり、海苔漁船が船底をのぞかせて船溜りにずらりと並ぶ。有明海に面した遠浅なこの一帯は、干満差が最大6メートルもある。潮の出入りもそれだけ激しく、栄養塩の豊かな命の泉となる。水郷として知られる柳川でも、江戸から明治、大正にかけて干潟の埋立てがどんどん進む。そのとき張り巡らされた掘割《ほりわり》がいまも、水門で干満差を調整しながら、城下町の観光と生活に潤いを与えている。

そんな水郷でまず訪ねたのが海苔加工を営む『成清海苔店《なりきよのりてん》』の主人成清忠《ただし》さんである。成清さんは入札会で落札した乾海苔を、湿気を飛ばして1枚ずつ焼きあげ、一部は味付け海苔やふりかけに加工している。1箱分が3600枚。それを適量に小分けし、

店頭で売ったり大口取引先に出荷しながら、本来の海苔らしさを届けようと心を砕く。

「先ずはこれば、食べてみてくれんですか」と彼がさしだす「秋摘み一番」の新しい袋の中から1枚を口に運ぶ。さくさくとして香りも良い。たちまち溶けて自然な甘みが口中に広がる。同じ1枚と、別の産地の秋摘み一番を日光にかざす。先ほどの絶品は目が細かく、すがまだらに入って光を所々通す。後者はすき間がなく色つやもよく、黒々として美しい。姿の良さにさぞかし味もと口に運ぶが、ごわごわした食感が残り、甘みはあまり感じない。

「実は海苔も摘み取りのタイミングや海域、ミンチの刻み方次第で、味と香りと食感がこげんも違うとですよ」と成清さん。

どうやら見かけと味に、何か断絶が生まれているらしい。説明に耳を傾けるうち、海苔づくりの考え方や現場の処理が、風味を大きく変えてきた現実に気づく。

「各漁協でまず等級などの格付けで50以上に選別され、入札会で指定商社が品定めしますが、一般的に味見ばほとんどにせん。それで黒光りした色つやが良か海苔ほど、高か値で取引されがちなんです」

自生する海苔なら毎秋一度だけ胞子を放って命をつなぐ。それで貴重品だった。ところが冷凍網の普及で、夥《おびただ》しい量が入札に持ち込まれるようになり、味への関心も薄れがちなのかもしれない。

そんな時流に一介の海苔店がうまい製品だけ扱おうとすれば、業界のしきたりや入札制度を超えた信頼関係を覚悟して築くしかない。まして１９８０年代に入札で1枚50円した上物が、近ごろは20円を割りこむ。

これでは食卓の楽しみが霞んでしまうと、20年前に動いたのが先代の成清忠蔵《ちゅうぞう》さんであった。当時めざしたのは、「見てくれよりも味を最優先する海苔づくり」。けれどその考えに共感する生産者を見つけなければならない。県下10海苔漁協の中で、組合員わずか31所帯ほどの弱小な皿垣開《さらがきびらき》漁協が共感してくれ、以来ずっと両者の親交が続く。

海苔師は競う

全国に散らばる海苔師は5千軒弱。中でも有明海は収量日本一を誇り、西が佐賀県、東は福岡県、南は熊本県にわかれて高級感を競う。育て方は沖合まで無数の支柱を立て、そこに張った海苔網を満潮時には海面に浮べ、干潮時には空気中に干出させる「支柱養殖」だ。他にも筏《いかだ》式の浮き流し養殖があるが、海が深い瀬戸内や東北などに多い。

海苔師は9月中に支柱を立て終え、水温が下がる10月ごろ一斉に網を張る。残暑が厳しいと大雨を降らして涼しさを運ぶ、台風の通過を待つ。糸状体《しじょうたい》と呼ばれる海苔の素はなかなか頑張り屋で、子（胞子体）づくりの秋を待つ間、自然の状態では磯の貝殻に身を寄せて夏の暑さをしのぐ。それも小魚に喰われない

1

2

1 —— 日光に透かすと、食感を大きく左右する海苔のミンチ加減や草質や収穫期までが、組合ごとに異なることに気づく。特に活性処理していない乾海苔には、小さなアオノリが少し混ざり、その風味と柔らかさが昔から食通には好まれてきた。
2 —— 漁場に案内してくれたのは、成清忠蔵さんの旧友、山田政秋《やまだまさあき》さんだ。
3 —— 皿垣開の海苔師は半農半漁ゆえ、支柱保管も畔。

3

ように、酸で貝を溶かして被膜の内側にしっかり棲む。培養した糸状体が棲むカキ殻を、涼しくなったその日に海苔網と一緒に種つけ用に吊るす。するとそれとばかりに、海苔の胞子がカキ殻から海中に放たれ、網に付着して育ちだす。養殖とはいえ、海苔もまた人の世と同じで命をつなぐのに懸命なのだ。実際、顕微鏡で覗くと命の連続線を描く健気さが心をうつ。このころになると海苔師たちは折々、小船に乗って網の表面をポンプで洗う。それは元気な芽だけ網に残す、きわめて大切な工程だ。さしずめ海苔師は海の畑で胞子の世話をする助産師といった感じだろうか。

ここから先の出来映えを競う現場は、各人の熱意と工夫で差がつく。幼い海苔にどれだけ海中で養分をとらせ、干潮時にどれだけ日光浴させるかで、アミノ酸の量も増減し、色や柔らかさまで影響を及ぼす。八十八夜の甘い新茶みたいに、もっとも美味とされるのが秋摘み一番の別名ハナノリだ。つまり初秋に張る一番網だと、日照時間がたっぷりとれて光合成が進み、少し赤茶色がかるけれど柔らかく味がよい。そして、二番摘み、三番摘み、四番摘みと生産を続けて秋が深まるにつれ、歯ごたえが増した海苔が採れるようになる。

さらに活性処理（酸処理）と呼ぶ、リンゴ酸やクエン酸を主成分とする処理剤による海上での洗浄も近年加わって忙しい。これをすると付着したアオノリや珪藻《けいそう》類が取り除かれ、海苔が黒光りすると言われる。生産量が増えても価格が低迷するため、ほとんどの漁協と専業の海苔師は量で稼ぐしかない。とはいえ活性処理は食感や、処理水の生態系への影響などが取沙汰される。また、筑後川流域に25年前に大堰《おおぜき》が築かれてから、ただでさえ川水の運びこむ栄養塩が前より減って、有明海の生命力は衰えがちといわれる。

食材すごろくの図

それでも慌ただしいスケジュール管理で、冷凍網や活性処理を頼りに収穫を増やすしかなかった。その結果、いまや味自慢の海苔は市場の少数派となってしまった。もちろん、食材としての裾野を広げた点では、量産も決して悪いわけではない。具体的な納入先を知ると、その理由が見えてくる。

たとえば高級寿司職人は食べた途端に口の中で溶けるようなハナノリを巻物用に求める。お客は握るはなからつまむので風味も損なわずに済む。それを回転寿司に使えば、お披露目中にご飯の湿気で良さが失われてしまう。保冷棚で客を待つ量産型おにぎりも事情は同じだ。麺類のトッピング用になると、三番摘み以降の硬くて溶けにくい方が体裁もよい。シーズン終盤になるとワカメと同様に色も抜け落ちだすが、醤油で煮詰めたら本来の色が見えなくなるので佃煮用に歓迎される。

海苔は他の食材と一緒になると俄然、存在感を発揮して食欲をかきたてるので、見ために走りやすい宿命なのかもしれない。50以上に及ぶ等級・格づけも、街場の需要と無駄なくつながってしまう現実に改めて驚く。それだけに、せめて家庭で握るおむすびや手巻き寿司くらい、柔らかくて味わいのある海苔を使いたい。実は成清さんが一番大切にしたい顧客層もまた、家でご飯をきちんと食べている老若男女なのである。

皿垣開漁協の冒険

ところで小さな皿垣開漁協に所属する海苔師たちは大半が田畑を耕す、業界でも珍しい半農半漁の方たちだ。それだけになかんずく農業センスも兼ね備えていて味にも自然と目が向く。業界の基準で最上級品より色つやがやや見劣りする、赤茶色がかった海苔の方が、なぜか風味もうまいと早くに気づいていたという。でも各海苔師はしきたりを守りながら全量を組合に出荷し、県漁連は全組合からそれを集めて、入札会をシーズン中に何度と開く。入札権を持つのは指定商社である。成清さんのような海苔店はそこを介して初めて買付けられる仕組みだ。

したがって、めざす品質の海苔を手に入れるには、あらかじめ漁協や海苔師たちとの連携や意思疎通が欠かせない。しかもミンチの細かさを決めるのは海苔師の仕事である。そんな伝統のなかで海苔の等級決めの際に、客目線で独自の「食味審査」を全国でいち早く導入した組合として皿垣開は知られる。それで味の専属検査人を事務方に抱える。成清さんが、その効用をこう説いている。

「現場と事務方が皿垣開みたいに深くつながっとる組合もありません。それにうちのような秋摘み一番海苔だけをば積極的に扱っている業者も珍しい。そげんお陰でうまか海苔ば作ろうちいう現場のモチベーションも高まりよる。それに皿垣開に割り当てられる漁場も、どちらかば言うと沖合寄りで不利でしたから、それば跳ね返さんと工夫もしてきていました」

そんな努力のなかに、秋芽の一番摘みは活性処理を一切やめたり、その収穫をピークの2、3日前に行って柔らかさを保ったり、なるべく刻みも細かくする工夫が払われてきた。当然そこで背中合わせのリスクも負う。細かく刻んだ海苔は水洗いの際に流失するし、若芽での摘み取りは収量を減らす。活性処理に頼らない漁場は支柱の密植を避けて潮通りをよくしないといけない。まして今夏は高い海水温に連日苦しめられたばかり。つまり工夫で得られる美味しさの事情を、誰かがお客に説明できなければ正当な利益も得られない。それを一手に成清さんたちが担ってきたのだ。味がいいのに不揃いなキズ海苔も、もちろん妥当な価格でむだなく売りさばく。

この柳川での話は、海苔師と組合と加工業者がオープンに交流すれば、もっと柔らかい流通が生まれることを教えてくれる。日本の農業や漁業が、「質より量」にこだわった長い時代が間もなく終わろうとしている。

伝統的な食材とその生産現場も、不揃いという多様性と優しく向き合う、新しい流れにシフトしていくように思う。全体を眺めながら部分の意味を問う。それはものづくりの「はみだし部分」と、向き合うための準備体操なのかもしれない。［2010、晩秋］

取材ノートから

乾物と停電

成清忠さんから聞いた震災後の海苔事情が興味深い。

「2011年は福島の原発事故で計画停電がはじまった頃、乾物の復権というか、冷蔵庫がなくても保存がきくためか、海苔の売上げが一時的にぐんと増えました」

なるほど乾物の海苔に冷蔵庫は不要だ。厳密に言えば、密封して冷凍庫に入れたらより風味を保つ。けれど乾物はその名の通り湿気らせない限り、台所の常備食・非常食として急場がしのげるので心強い。他にもヒジキ、干し椎茸、切干し大根、干瓢、麸、乾麺、乾燥大豆、高野豆腐、身欠きニシンと乾物の顔は実にとりどり。家庭に冷蔵庫がなかったりサイズがずっと小ぶりだった頃、日本では食物の保存に今よりもっと心を砕いてきたのだ。その遺産のおかげで停電の夜も、ペットボトルの水とカセットコンロさえあればなんとか調理して腹を満たせた。非常時にいざ炊き出しという時などは、そのままご飯を包める海苔が便利で頼もしい。2011年は全生産枚数の1割強を占める宮城県の養殖海苔が、大津波で施設をすっかりやられて出荷できなかった。

話はつづく。

「有明海でも秋に大雨が降った翌日から暑さが戻り、アカグサレ病が一気に蔓延したので、秋摘みは痛手を負いました。川から雨水が流れこむと海の塩分濃度が下がり、一晩のうちに菌が海苔網に繁殖します。河口が特にひどい。コンビニ用や外食産業用は品薄になり、有明海産も前半は争奪戦状態でした。新しい冷凍網を海に入れたら、後半は例年並に持ち直しましたが」

コンビニのおにぎりといえばセロファン包装紙のタブを引き下げ、三角飯に自分で海苔を押しつける自主工作風が主流だ。確かにパリっとした触感は残るが、香りも乏しくどこか弱々しくて、「握り飯」の野趣に欠く。おにぎりの旨味は逆境につよい非常食としての逞しさかもしれない。

幸い2012年には色艶とも回復、成清さんが応援する皿垣漁協も11月14日から秋摘みに入った。乾物は地味だけど窮地を脱する心強い味方だ。

鰹節のひみつ

鰹は小魚を求めて毎春黒潮にのって北上します。
その群れを待ちうける漁師は地元の港から船をくりだして
釣り上げた一部を保存食にしました。
鰹が回遊する喜びに寄り添い里海に育まれてきた鰹節づくり。
パックの削り節からは知りえぬ昔ながらの製法を西伊豆で追いました。

和食がからだに良いとされる理由の一つは、酸化しやすい肉類の脂肪分が、基本の出汁に一切含まれていない点だという。確かに削った鰹節や昆布や椎茸を、いくら水で煮ても脂は浮きださない。けれど広い海原を回遊する鰹は、脂肪をからだに蓄えながら移動する。それが鰹節になると消えてしまうのは、なんとも不思議ではないか。製造工程に秘密があるらしい。

太平洋に突き出た静岡県伊豆半島。照葉樹林に覆われた西側の海沿いには、岩山がごつごつと広がる。そんな西伊豆町の田子《たご》地区に、昔ながらの製法を続ける老舗の鰹節工場があると聞いて訪ねた。新幹線の三島駅から車でのんびり2時間弱。駿河湾に面した田子の元漁師町は、モザイク状に入り組む路地に家々が軒を寄せあう。それを見下ろす丘の中腹に、創業明治15年と看板を掲げる『カネサ鰹節商店』があった。従業員は家族含めて12名。

田子漁港はかつて40隻もの鰹漁船を抱え、毎年沖合にのぼり鰹の群れが現れる5月から8月は活気に沸いた。けれど1994年に最後の1隻が廃業し、今はその面影もない。温暖化による潮流異変で鰹が近海から姿を消し、さりとて船で遠洋にくりだすには燃料代が利益に見合わず漁を諦めたのだ。

カネサ鰹節商店4代目の芹沢里喜夫《せりざわりきお》さんが町の変わりようを切々と語りだす。

「昔は水揚げの一部が港からそのまま籠やリヤカーで、路地の奥に散らばる十数軒の鰹節工場に運ばれました。鮮度を落とさぬように昼夜を分かたず、鰹節にする作業が続いたものです。でも手間暇かけても利幅が小さく、大半が工場を畳みました。それに漁法も船上にずらりと漁師が並ぶ一本釣りから、効率のいい巻き網が主流になり、鰹も生から冷凍魚に変わりました」

戦後、いち早く運搬用のオート3輪を購入。一か八かで水も薪も豊富な山間に広い工場を構えたものの、未経験の冷凍魚による鰹節づくりに不安を抱いたという。

一本釣りと鰹節の絆

薩摩沖、土佐沖、紀州沖と抜けて伊豆沖に来るのぼり鰹の大群は、さらに気仙沼沖から北海道沖まで北上し、プランクトンの多い寒流域で餌をたらふく食べて肥える。からだに脂が乗ると秋には一斉にUターンし、南下しながら南方の古里へ散っていく。これを戻り鰹と呼ぶ。けれど脂肪の多い魚体は鰹節に向かない。煮ても身が固まりにくいのだ。鰹節づくりとは本来、のぼり鰹を原料にした夏場だけのローカルな季節労働だったのである。

「いつも9月に入ると工場の後片づけや道具や機械の修繕を始めました。それだとパートしか雇えないし、従業員も経験を積みにくい。それが冷凍技術も良くなり、1年中作れるようになったのです」

腕のいい一本釣り漁師はみな釣り上げた瞬間、竿のしなりを活かし、獲物を小脇に抱えこむように、やさしく取り扱った。けれど漁の簡素化を図って返しのない釣り針を使うようになって、針の外れた鰹が宙を舞い踊りながら、甲板にボンボンと落ちる釣り方が当たり前となる。落ちた衝撃で背骨を折る鰹も珍しくなく、姿形にこだわる鰹節屋は泣かされた。

そこまで丹精な仕事を心がけるのは、鰹節が「勝男武士」と当て字され、結納や婚礼の引出物としても日本人に長らく親しまれてきたからだという。もし製品にヒビや欠損があれば、もう縁起は担げない。それゆえ過剰なくらい、姿形と見栄えにも心を砕いた。やがて燃料代と人件費が膨らむにつれて、水産業者は巻き網漁法に流れた。田子で自慢の一本釣り漁もついに幕を引く。それでも芹沢さんは手抜きなしの鰹節づくりを貫きたかった。

「全国的に鰹節メーカーはどこも冷凍鰹を買ってこしらえています。巻き網漁船は南方まで出かけ、海面でなく水温の低い深いところに集まる鰹を捕ります。でも一網打尽にして引揚げると、魚体がよじれて、煮ると身くずれしやすく、味も落ちます。本当なら一本釣りの生きた鰹が欲しい。今も時々、生ののぼり鰹が入ると作るけど、とても味の素直な鰹節になります」

　魚食文化を愛する人々は、船上での処理にも工夫をこらした。それが食塩ブライン液の登場だった。水

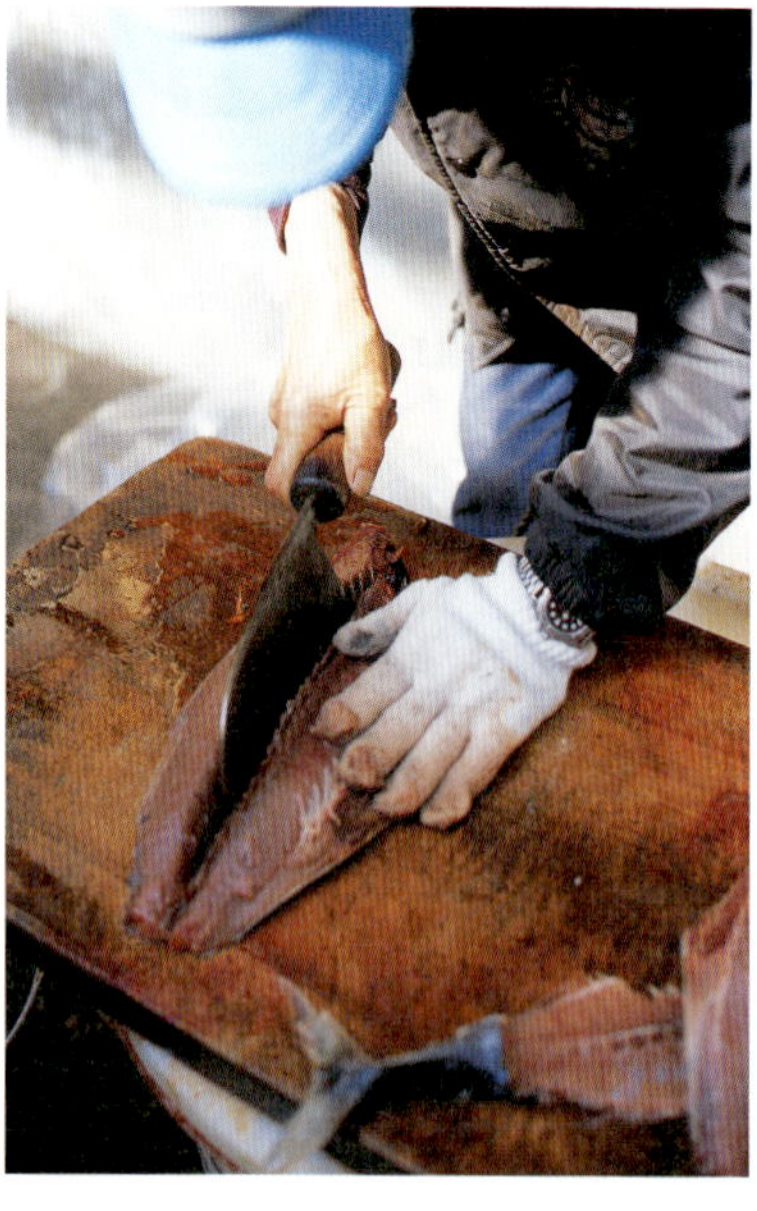

1

2

1,2 ──専用刃物で四つに切り分けた鰹の質を目で確かめる。
左ページ──2時間近い煮熟《しゃじゅく》で身を固めた後、一番火と呼ぶ最初の水抜き乾燥と燻しを施すと、鰹節未満の「生利《なまり》節」状態になる。

に大量の食塩を溶かしこんで冷やすと、零下20度でも凍らない瞬間冷凍用の安全な液体になる。ブライン液を船倉に満たして冷やし、獲れたはなから放りこむ。すると1分位で細胞も破壊されずに新鮮なまま硬直し、さらに8時間おくと芯まで凍りつく。帰港すると今度は零下40度の冷凍庫に移す。活魚の味には及ばないが、これなら翌年に解凍しても鮮度を落とさず鰹が蘇る。近年は水産会社もこの方式で凍結鰹をストック。どこも出荷調整をしながら無理な出漁を控える傾向がつよい。

スモークされた発酵食品

鰹節は大きく分けて、「荒節」と「本枯れ節」の2種類がある。荒節にさらに手をかける本枯れ節は、完成までに最低でも4カ月以上かかる。三十数工程にも及ぶその中の六つの要点をかいつまみ、芹沢さんに見せてもらった。

「大切なのは新鮮な原料を選び、しっかり煮ること。そして良く燻し、よくカビ付けします。それでもいつも上手く作れるとは限りません」と謙虚に笑う。

まず解凍したら頭と内臓を取り除き4枚に卸す「身おろし」。次に深釜で2時間煮て身を締める「煮熟《しゃじゅく》」。そこからは小骨類を取り除く「骨抜き」と欠けた所を鰹のすり身で補う「モミ付け」。五つめは大きなセイロに身を並べて炉の上に置き、広葉樹の薪をおき火にして遠赤外線と煙で燻す「焙乾《ばいかん》」。黒潮の温もりが広葉樹を育む西伊豆は、薪にこと欠かない。専門職人に頼んで山であらかじめ薪を4千束も用意する。しかも焙乾用の薪作りは、広葉樹林の間伐となり健全な世代交代を促す。そんな地域循環を守るのも、昔ながらの鰹節工場のお役目かもしれない。手火山式《てびやましき》と呼ぶこの焙乾に、芹沢さんは細心の注意を払う。

「セイロに並べた身の温度や艶を手で確かめ、何度もひっくり返して左右も替える。そうすることで万遍なく水気が飛び、良い香りがついてきます。自然に冷ましては、この作業を計7～10回くり返すんです」

このプロセスを踏むうちに生々しい鰹が飴色となり、香ばしくスモークされた黒い塊に変わる。この状態のものを「荒節」と呼ぶ。ここから「カビ付け」に入る。今は同業組合が培養した鰹節菌を噴霧したあと樽で寝かす。その間、密生した鰹節菌の酵素が身の奥に残る水分を吸い尽す。実はこのとき脂分も分解してしまうのだ。カビ付けを何度かくり返し、天日干しをして完成。この工程が済めば重さは原材料時の6分の1に落ち着く。同時に乾燥を重ねつつ発酵も加わり、だんだんと味が濃厚になっていく。さらに保存性をこれでもかと高める。一番カビ1カ月。二番カビ10日。三番カビ10日。カビ付けを7回くり返すと打てばカンカン響く、硬くて長期保存に強い、芳醇で軽やかな甘みの本枯れ節になる。

カビ付けしない荒節のほうが風味が劣るという話ではない。発酵の加減で風味が異なり、蕎麦汁やみそ汁だと、よりインパクトの強い出汁が求められて荒節の出番となる。まろやかさと淡い匂いが命の日本料理には本枯れ節が向き、住み分けもきちんとなされる。

起死回生の削り節

江戸時代、ある旅人が田子の鰹節づくりに画期的な影響をもたらす。その男の名は土佐の与一。与一は故郷・紀州印南《いんなみ》の藩の掟を破り、1801年から田子に長逗留するうち秘伝をすべて明かす。それが燻した鰹節にカビ付けを度々施す本枯れ節の極意だったとか。掟破りが故郷に知れた与一は印南に帰れず、房総の漁師町千倉《ちくら》で没した。

この本枯れ節を削ったものをJAS規格で「かつおかれぶし削りぶし」と表記する決まりだ。かたや荒節を回転式カッターで削った削り節はいわゆる「花かつお」として市場に出回る。パック詰めの削り節は、老舗のカネサでも今や売上げの4割近い。

昭和40年代までどこの家の台所にも、箱形の鰹節削り器があった。しかし、いつしか削る手間が億劫が

1

2

られて、家庭料理の原点は白い粉の化学調味料に全面降参したかに見えた。そんな中で、起死回生をねらって登場するのが削り節パックなのだ。第1号は大手にんべんが昭和44年に発売したフレッシュパックである。それらはおよそ3キログラム以下の小さな鰹を原料に選び、焙乾も機械的に行い、カビ付けもしたりしなかったりと多種多彩。しかし回転式刃物で削る際、回転が早過ぎると摩擦熱で風味を損なうから、なるべくゆっくり削る方がよいという。もとより庖丁で削られていた時代が長い鰹節なのだ。化学調味料の利便性と鰹節を削る手間のあいだで、戦後の日本の食は揺さぶられてきた。そこに折り合いをつけたのが削り節だった。化学調味料と削り節、そして鰹節が混在する今、どこまで「ゆっくり」を守れるかが台所の正念場だ。

不便を頭で補う

実は田子の鰹節づくりも、立地の不便さを味方

3

1——セイロに並べた魚体の熱と硬さと湿りを手で調べる手火山式焙乾法は、堅木《かたぎ》の薪を熱源に穏やかな火加減のもとでいぶしを7回以上繰り返す。
2——焙乾を済ますと、燻煙によるタール類を削り、傷と割れを補修。
3——脱脂脱水、香りづけ、腐敗を防ぐ万能カビも風と太陽に晒してお別れ。

にして発展してきたのだ。エンジン船も冷蔵庫もない明治より昔、捕れた鰹を生のまま売りさばくには45キロメートルほど離れた焼津まで船で運ぶしかない。だが太陽の下を何時間も進めば、鮮度はみるみる落ちていく。鰹は足の早い魚だ。ならば交通の悪さを補おうと塩蔵を思いつく。しかし、1尾5キログラム以上もある大きな魚から余分な水気を抜くのは容易でない。血合いなどはことに傷みやすく、また開きにして干せば脂の酸化と腐敗がたちまち進む。田子は幸いにも、海から強い西風が年中吹きつけ、良質な地下水もふんだんに湧いた。奈良時代から、鰹節とよく似た姿の鰹の素干しを租庸調制度の「調」にあたる税金として、奈良まで運んで朝廷に長らく納めてきた。また江戸期には生活の中から、塩鰹という風干した正月用のめでたい保存食も生まれた。当地ではこの伝統食を今も愛し、年末にこしらえる風習を残す。切り身を焼いて食卓に並べるとやや塩気がきついが、より鰹らしい素朴な味に根強いファンも多い。

そんな風土ゆえ鰹1尾を四つに切り分け、深釜で炊いて身を締めた後に煙で丹念に燻す、現在形に近い焙乾法が根付いた。湯を沸かし香りをつけて燻すにしても、クヌギや山桜やナラなどが裏山から伐りだせた。戦国武士はこの鰹節を戦《いくさ》の非常食として懐に携え、1本を舐めたり齧ったりして飢えをしのいだともいう。元の重量の6分の1まで凝縮させてしまう鰹節は、さぞかし栄養価の高い兵糧だったにちがいない。私たちが今の削り節パックをいくらしげしげと眺めても、そうした物語の淵まではなかなかたどりつけないが。

回遊する里海の技

鰹に限らず回遊魚のあとを追う仕事人の動線もまた面白い。漁師や加工職人の彼らも泳ぐみたいに北へ南へと移りながら、鰹漁船が立寄る港ごとに新しい人脈を築く。そこで新しい漁法と加工法がゆっくり染みこむ。男女の契りを結んで行き来を深めていく者も中にはいる。3月の東日本大震災で壊滅的な深傷《ふかで》を負った気仙沼も、この小さな田子と縁が深く、当地に嫁いだ気仙沼出身の女性も珍しくない。取材滞在中にも1隻の遠洋鰹漁船が臨時寄港し、一本釣り用のイワシ生き餌を降ろし、救援食糧を積んで被災地の気仙沼にむけて慌ただしく出港した。どんなに遠く離れても、漁師町には共通の優しさや哀しみ、情があふれる。同時に本格的な鰹節の製法もまた、移動する人を介して土佐から紀州、伊豆を経て房州へと伝播していくのである。

やはり土地柄に磨かれてこそ、小さな田子集落のそれを大きく伊豆節と自慢し、薩摩節や土佐節と並ぶ一級品になれたのだ。苦労を重ねた芹沢さんが港町の気骨を静かに語る。

「本来の作り方で本当のおいしさを伝えないと、その味も忘れられてしまう。細かな営みであっても一度やめると歴史が消えます。だからどれだけ手間がかかろうと誰かが覚悟して残さないといけません」と。［2011、初夏］

取材ノートから

鰹は長旅中です

年々、鰹が高値をつけている。

鰹節や削り節パックや花かつおがあとを追う。値上げは5年ぶりで前回が2007年。欧米諸国で狂牛病（BSE）が発生して肉食離れが進み、魚の人気が高まったのだ。獲り過ぎても冷凍しておけば売れるので、懲りずに獲り続けてしまって結局不漁を招く。今回は人口13億人の中国の暮らし向きが良くなり、ツナ缶でもライトミートの鰹の方を愛用しだした影響も大きい。

商品があまり高過ぎると客離れを起こす。それだと大手メーカーも困るから、値段は変えずに中身をこっそり減らす。ある大手スーパーはモルディブ産の安い削り節パックを独自商品として、乾物コーナーに並べはじめた。

鮪《まぐろ》と鰹が近海で獲れるモルディブは、漁業が観光につぐ収入源という。けれど佐渡の半分にも満たない海洋小国に、燻すのに手頃な煙の出る広葉樹などあろうはずがない。それで商社はわざわざ日本から薪を運ぶ。水事情も悪くて解体作業には海水をろ過装置で淡水化したものを使う。モルディブ人は働き口を得たが、これでは製品の出来がぱっとしないのも無理もない。

安物づくりが連鎖して行く地球上で、手まひまを惜しまない日本のモノづくりや、地域経済や国民生活を守りぬくのが難しくなってきた。あちらを立てれば、こちらが立たずの状態になる。TPP加盟など論外だ。覚悟をきめて何かをちょっと我慢して分かち合えば、窮地は避けられたのかもしれない。

しかし、カネサ鰹節商店の5代目、芹沢安久さんは諦めずに夢をふくらます。

「田子の港は整備されてきれいなのに、出漁できる漁師がひとりもいない。昔のように地元の港に水揚される近海鰹を手にいれたい」と。

本来、豊漁の鰹を大切に保存するために、江戸時代から磨かれてきた鰹節づくりの技である。それだけに伝統保存食の心意気を、若い世代に伝えていくにもひと苦労する時代だ。B級ご当地グルメで町おこしを図る「B-1グランプリ」2012年大会で、地元・西伊豆町の「しおかつお」が4位に入賞したという。鰹節づくりよりさらに古い、化石のような保存食の名残りだけに嬉しい。夢の旗をもっと高く掲げ続けよう。

塩とはなにか

世界中で生産される塩の4分の1が海水から作られます。微量元素をちりばめた自然な味は体という内なる海を養います。純国産の海の恵みが外国産の岩塩よりミネラルが多いのをご存知でしょうか。塩が水に解けて浸透圧を生むとき食材の旨味も上手に引きだせます。緑ゆたかな伊豆大島の製塩場で体が求める塩を追ってみました。

海塩の行方は時代に翻弄されやすい。生物学系では生命誕生の謎を解くカギと目されるのに、命を育む最古の天然調味料は無尽蔵ゆえ都合よく国策にも取りこまれた。

　例えば塩田の広がるインド・グジャラート州の海岸まで、ガンジーが仲間と380キロメートル歩いた「塩の行進」は1930年の話。植民地経営の収入源として、塩をむりやり専売化した宗主国・イギリスへの抵抗運動だった。貧しい村々では塩田で働く者でさえ、政府から高い塩を買うしかない。生活に欠かせぬ塩を支配するとはけしからんと、怒りに燃えて非暴力で訴えたのだ。インドに限らず、「命の必需品」という塩の重みは、時として財源確保の切札になる。わが国の塩専売法が制定されたのは1905年。当時、台湾や朝鮮から安い塩が入り始め、製塩業界が不安にかきたてられた頃で、日露戦争の戦費調達をもくろみ制定された。

　やはり塩が無ければ人は生きられない。だから必ず買うか、自ら製塩するしかない。日本の塩専売法は第2次大戦後も、公社に納める目的以外で作ることや、海水から勝手に塩を採るのを禁じた。民業なら独占と呼ばれて嫌われる営みも、国策だと専売が堂々とまかり通る。

塩田廃止の盲点

日本ののどかな瀬戸内沿岸の浜景色が、１９７０年代にがらりと様変わりしたという。

日本専売公社が海辺に残る塩田を全廃。工場に設《しつら》えた電気装置で海水を処理する、「イオン交換膜法」に一斉転換したからに他ならない。それまで営まれていた多くは、江戸以来の平面的な入浜式《いりはましき》塩田のあとを継ぎ、太陽熱と風力を同時に活かす枝条架流下式《しじょうかりゅうかしき》製塩法だった。

ゆるく傾いた流下盤に海水をちょろちょろ流し、太陽光を当てて水分を飛ばす。終日これを繰り返して塩分が濃縮された鹹水《かんすい》になれば、竹枝を幾重にも積んだやぐらのてっぺんにポンプで汲み上げる。そしてひたひた垂らす。すると鹹水は浜風に吹かれて水分が蒸発し、さらに塩分が高まる。最後にそれを平釜で煮詰めて、海の縮図ともいうべき白い塩ができる。塩の生産量は従来の入浜式のおよそ3倍に伸びて人手も省けた。でも専売公社は20年足らずでやめた。理由は、食用塩の農耕的製造法はコストがかかり過ぎ、貿易の自由化でいずれ潰れると。だから輸入塩と対等な価格で製造できる方式にすべきだと。

１９７０年代まで数千名が２２００ヘクタールの塩田で、年間80万トンもの国産塩を素朴な技で作っていた。それを強引に一掃したのだからおかしな話だ。そのとき失われたものの重大さに、やがて一部の人々は気づくことになる。村上譲顕《よしあき》さん（58歳）もその1人。19歳のときに自然塩を考える食用塩調査会に関わり、海塩の分析をしながら、ミネラル分を残す昔ながらの製塩を古老に学ぶ。やがて現代風に塩田をアレンジして幾通りも試した末に、ネット架流下式と温室天日塩に辿り着いた。24歳で先輩メンバーと「製塩研究所」（のちの海の精株式会社）を立ち上げ、用地の確保を約束してくれた伊豆大島へと、

1976年に仲間の2人が東京から移住を果す。

基本的に製塩は海水を濃縮（採鹹《さいかん》）して、水を蒸発させ、さらに煮詰めて塩の結晶化（煎熬《せんごう》）で完成する。ところが新しいイオン交換膜法には、さほど問題視されない、電力頼みゆえの穴が潜む。

「イオン交換樹脂膜で電気的に濃縮する際、何億年もかけてできた海水の絶妙なミネラルバランスが崩れます」と村上さん。

まず陰陽のイオン交換樹脂膜を交互に置いたタンク内へ海水を入れて、両端から直流電気を流す。すると海水中の陽イオンであるナトリウムイオンは陰極に、陰イオンである塩素イオンは陽極に引きよせられる。その結果、膜の間にナトリウムと塩素イオンが集中して鹹水となる部分と、真水に近くなる部分とができる。ナトリウムと塩素の他は濃縮されにくく、塩の成分から排除される。真空蒸発缶でそれを加熱すれば、水の沸点が下がり早く結晶化する。

「この製塩法だと大量生産に向くけれど、塩化ナトリウム以外のミネラルが濃縮されにくく、塩辛味だけの刺々しい塩になってしまいます。本来の海塩は、塩化ナトリウムの塩辛味だけでなく、旨い苦味や甘い無味、キレのある酸味、そしてコクのある苦味といったさまざまなミネラルの味が混ざり合って、奥深い味わいがあるものです」

けれど塩田を全廃した手前、昔の味には戻れない。それで伝統的な海塩と組成も似て非なる人工塩に、食用はとって代わられてしまったのだ。近代工業化に心を奪われた行政側には当時、日本古来の自然な塩を食卓に残すという、最古の天然調味料への敬いも、食の自由選択という発想も視野になかった。

ミネラルのふしぎ

カエル好きには酷な話だが、イギリスの生理学者リンガーが130年前に重大な発見をした。彼はカエルから摘出した心臓に、血液でなく、いつもの生理的食塩水（0.9％の塩化ナトリウム水溶液）を流しながら生命活動の様子を観察していた。けれどあれこれ試すと、塩化ナトリウムのほかに塩化カルシウムと塩化カリウムも加えた方が、心臓がより長く正常な拍動をするではないか。つまりはミネラル分を足し、海水により近づけた方が両生類の命が喜ぶ。これはアサリの砂だしの際、真水に精製塩より低純度の海塩を足す方が貝も寛ぎよく開くのと重なる。発見者リンガーのこの手柄がのちのち輸液治療の道を拓く。それで19世紀に着想した体液の代用液を、医療現場ではいまもリンゲル液と呼ぶ。塩分で体液のバランスを保つ浸透圧のぼんやりとした因果関係に、小さな心臓が確かな道しるべを与えた瞬間でもあった。こうした研究も20世紀に入り、カエルから人に重心を移す。大きな成果はアメリカの生理学者キャノンが打ち出した「ホメオスタシス・恒常性」という考えだろう。人の体は外的環境がいくら変化しようと、いつも体内の状態を一定に保とうとする。この性質を恒常性と呼ぶ。刻々と移り変わる状況下で生物が生きぬくには、まずは浸透圧が常に調節され、細胞をストレスから守らねばならない。

　成人の体重のおよそ6割が、細胞内液と細胞外液を合わせた体液からなる。体内に「水の入った殻」を抱えた姿を想像すると分かり易い。具体的には間質液と血漿《けっしょう》からなる外液（体重の15％）と、細胞内液（体重の45％）がある。つまり細胞の外側を15％の血潮が移動することで命を守る。腎臓はこの血液を調節する役を担う。

　人類はなぜこんな姿になったのだろう。仮説によると、38億年前に生命が誕生し、5億年前に海から陸に上がったからだという。大昔の古代海水には無機塩類などがまだあまり溶けこまず、海の塩分は今の3分の1くらい（約1％）で薄かったとされる。恐らく、リンゲル液の濃度と組成は、母なる太古の海の記憶とみて差し支えあるまい。余談ながら和食の吸い物を美味しく感じるのは塩分0.9％だという。

島国の塩と大陸のソルト

　話を日本に戻せば村上さんは昔、柑橘類の豊富な故郷・広島県因島《いんのしま》で果物の食べ過ぎと塩不足で、心

1

身のバランスを崩したという。その若者が高度成長期に上京。そこで初めて出合うのが、明治以前の日本人の体を支えた玄米菜食の考えや、無農薬の全体食や身土不二《しんどふじ》という教えだった。この視点は、海の精の塩づくりの礎となっている。できるだけ自然の成分をいじらずに製塩するために、海水を100％使うことと蒸発などで水分だけを除く製塩を目指したのだ。

輸入塩が自由化された2002年、食料品店がヨーロッパなどの岩塩をこぞって扱いだした。それは地殻変動で陸に閉じ込められた内海が干上がり、地中に埋もれた末に生じた、言わば塩の化石。地中深くトンネルを掘って切り出すか、パイプで注水して岩塩層を一度溶かした後に汲みだし精製する。一般にそ

1 —— 東京から120キロメートル離れた伊豆大島。渚で汲み上げた海水を、傾斜させた流下盤に流して太陽熱で水分をとばす作業を、1週間以上も繰り返す。昔ながらの流下式塩田を改良した製塩法で、安全性も高く自然環境とよくなじむ。

2 —— 塩分濃度約3%の海水を風と日光で濃縮し、それを平釜で一昼夜煮詰める。濃度が26%を越えると、急に結晶化が進む。

のまま食べられる高品質なものほど、塩化ナトリウム純度が高い。長い時間をかけて結晶する間に他の含有物質は、溶解度の差で岩塩層と分離してしまうためだ。ナトリウム自体は体液の浸透圧を安定させ、pH値を弱アルカリ性にしたり毒素を分解する働きをもつ。

「火山灰土壌の日本で採れる農産物はミネラル分が少ないので、海塩でミネラル分を補うと体のバランスが整います。一方でヨーロッパ大陸は、ほぼ石灰質土壌で、採れる農産物にミネラル分も自ずと多く含まれる。なので、岩塩が塩化ナトリウムそのものに近くても、現地では問題がないのです」と村上さん。

人と土地柄が分かちがたく結ばれた身土不二という食養観そのものが戦後、交通や経済の発達による急激な国際化で、日本人の中から薄れたのかもしれない。

錆とコストと大噴火

製塩は濃縮コストとの戦いといってよい。塩田廃止後に、村上さんたちは学問研究を名目に役所にかけあい、許可を得ては昔の味を求める実験的製塩に手弁当で挑む。しかし失敗の連続だった。幸い伊勢神宮が専用の塩田で、神事用の焼き塩を作り続けていた。また能登の珠洲市では故・角花菊太郎《かくはなきくたろう》さんの家族が、揚浜《あげはま》塩田を観光用に営んでいた。メンバーは２カ所の塩づくりをとことん調べ、賛助会員も募って理想に辿り着こうと頑張る。もはや先例がある以上は行政側も、村上さんらの地道な活動を渋々認めざるを得ない。だが１９８６年に三原山大噴火で強制避難となり、一時休業に陥る。そして１９９７年、専売制が廃れ、イオン交換膜式製塩を託されたメーカー７社も、最近になって４社に統廃合された。

雨後の竹の子のように我も我もと、個人や企業が各地で製塩に名乗りをあげた。海に無尽蔵の塩とはいえ事業化は甘くない。平釜でいきなり海水を加熱蒸発させながら濃縮すると、燃料代で採算割れしやすい。逆浸透膜の淡水化装置を使い、海水を濃縮するメーカーも現れた。けれどかつてない消費不況と燃料高騰に音をあげ、ハードルの高さに廃業した新規参入者も少なくない。

村上さんたちが時流をにらんで「海の精株式会社」を立ち上げた折、彼らを悩ませたのは、設備投資やメンテナンスだった。施設が渚に近ければ、台風や高潮の被害は免れない。塩を扱うからには設備もすぐ錆びる。そこへ元自動車メーカーの技術者という強い味方が現れた。67歳の今も工場内の工作室で、溶接から改造、設備設計までコツコツこなす植草秀樹さんだ。

「この島に設備業者は少なく、内地から業者を呼べば金も時間もかかる。修理でも何でも自分らでやるしかありません」

海水を平場で乾かす天日製塩法は、雨が多く湿潤な日本だと気候的に厳しい。そこで植草さんらはガラス温室を建造。手製の錆びないチタン製の皿に鹹水を満たし、ガラス張りの中で天日製塩を営む。こうした自然により近い海の塩であっても食用塩公正競争規約により近年、「自然塩」とか「自然海塩」という呼称を使わないことに統一された。この種の塩でもメーカーごとに純度がかなり異なる。塩化ナトリウム以外のミネラル分が、3～20％くらいまでまちまち。また輸入した天日塩を主原料としつつ、平釜で一度溶かしてニガリや海水を加えて純度を少し下げた再製塩も出回っているが、こちらは0.5～2％程度。

ともあれ人の体に悪いのは塩というより、浸透圧のバランスを崩しかねない塩化ナトリウムの取り過ぎだろう。昔ながらにミネラルを含む伝統的な海塩を選べば、命の源とも重なるだけに、やみくもに減塩論に飲み込まれる必要はない。体が欲する塩をあるべき場所に取り戻すのに約40年。海流の中の火山島で作る塩は、美食と減塩ブームの中でもみくちゃにされながらも、確信を得た彼らの発汗の結晶といってもよい。

「首都圏という一大消費地に近い伊豆大島から、日本人の１％をユーザーにしたい。そこから伝統食品や、伝統的な和食の良さを蘇らせたい」

塩の道を歩む彼らの一途さに頭が下がる。［2011、夏］

1

3

2

1 —— 島内千波地区にあるガラス温室内では、天日塩の精製が手作業で行われていた。結晶化が進むにつれて微量成分は塩化ナトリウムと分離しやすく、毎日チタン製バットをヘラでかき混ぜ、水分を十分飛ばす。
2 —— 伝統的海塩「海の精」を、一つひとつ手作業で袋詰めしていく従業員。今や島内一の地場産業として定着している。
3 —— 社食では自社の塩や味噌、醤油を使い、本物の味を舌で覚える。

取材ノートから

あの頃みんな若かった

「始まりは市民の小さな声でした」

創業メンバーの1人である寺田牧人さんは、丸40年に及ぶ「塩物語」をこう話し始めた。日本人にとって「塩を日本の海水でつくる」のは本来ならば当り前の話だ。けれど闇夜に針の穴を通すような寺田さんらの伝統海塩づくりは当時、お上に逆らう塩一揆にも等しかった。それからの彼らの涙ぐましい努力と辛抱強さが、蔑《ないがし》ろにされた伝統海塩をドラマの脇役から千両役者にまでひきあげたのだ。

「国が一度廃止させてしまったものを自分たちの手で復活させようというのですから、困難は覚悟の上のことでした。ですから事業を進めるにあたっては、常に予想外のことは起こると思って臨んでいました」

塩業近代化措置法（1971年）により日本各地の塩田が全廃され、国産塩はすべてイオン交換膜式で生産されると決まったことがきっかけで、塩運動が始まった。それが40年前のことだ。

海辺に建つ製塩場は、台風の襲来を受けるたびに設備は壊され、1986年には島の人々に御神火として崇敬される三原山が大噴火。全ての島民が1カ月に及ぶ避難生活を余儀なくされるという事態にも遭遇した。もちろんその間、製塩場は操業停止状態。それでも塩づくりに着手して以来、「何かあったらどうしよう」と前途を憂いたことは一度もなく、粛々と事業を営んできた。「若かったし、何をしても楽しかったから」と寺田さんは笑う。その思いは今でも変わらない。

寺田さんらが活動をはじめて26年目にして、塩専売法は撤廃され、塩づくりも完全自由化。お陰で塩の味を誰もが気にする時代になった。大いなる豊かさの復権とも言えるかもしれない。海の精株式会社の社長でありCEOの寺田さんはいう。

「これから、後をつないでくれている若い人たちに、この仕事の大切さ、重要さをしっかりと伝えていくことが大事な使命だと思っています」

塩は命をつなぐ基本食品の要だからこそ、気象異変や時流にも決して動じてはいけない。「絶対にぶれてはいけないものがある」そのことを伝えるための41年目の活動はすでに始まっている。一度失ってしまえば蘇らせるのは奇跡に等しい塩づくり。多くの青春を捧げた40年の物語がそれを教えてくれる。

手づくりの缶詰

携帯性にすぐれた缶詰は常温のまま長期保存がきき買い置きや長旅、災害時にも役立つが、それだけではありません。140年前の長崎でフランス人が伝えた缶詰づくりは、別な食品像も育みました。1缶に旬の味覚と視覚を詰めこむ小さな老舗メーカーの美学を京都の海辺で探りました。

〈「おい、地獄さ行《え》ぐんだで！」
二人はデッキの手すりに寄りかかって、蝸牛《かたつむり》が背のびをしたように延びて、海を抱え込んでいる函館の街を見ていた。〉

小林多喜二の『蟹工船』（昭和4年）は冒頭、こんな書きだしで始まる。貧しい季節労働者たちが、函館港からロシア領海3海里付近に向かう工船に乗りこむ。カムチャツカ沖で獲れたタラバ蟹を、工船は洋上で独航船から受け取り、鮮度の良いうちに船内工場で茹でて、ばらして缶詰にするのだ。漁期は4カ月。けれど彼らは狭くて不潔な船倉に詰めこまれて、荒くれな現場監督の下で過酷なノルマに耐えねばならない。首都圏で死者・行方不明者10万人強をだした関東大震災から、まだ6年しかたたない復興途上の、辛く不穏な世情の中で書かれた物語である。

実は蟹缶も鮭缶もオイルサーディン缶も、日本で早くにつくられ始めたが、国内の食卓には長いこと上らない。外貨を得るための国策に沿った特別な輸出品であり、また軍人だけが戦地でありつける貴重な「兵隊食」だったのだ。それだけに漁業権を持たず、ただ効率を競う水産会社の工船には、ぴりぴりとした緊迫感が漂う。まして海域は時化やすい低気圧の墓場だ。

この昭和4年は鰻重1人前が60銭の時代で、鮭缶だと14銭した。現在に換算すれば鮭缶が420円前後だが、人手がかかる蟹缶は、豊漁でも高額になったのだろう。庶民が缶詰を買えるようになるのは、朝鮮戦争が停戦した昭和28年頃。だぶついた米軍向けツナ缶などが市場に放出されてからだ。缶詰は戦争のたびに量産され、腐敗の原因になる微生物の高温殺菌や製缶技術が進歩した。それは皮肉な運命に鍛えられ、合理的で個性的な食品へと脱皮していく。

土産物屋にも並ぶ一品

京都駅からJR山陰線の特急はしだてに、2時間近く揺られて下車したのは宮津駅。日本海の天橋立に程近いそこから、車で少し走った所に『竹中罐詰』の工場がある。看板商品はオイルサーディンの四角い缶詰だ。社名を知らぬ人でも、パッケージは見覚えがあるとか、酒肴の好物にするファンも多い。従業員33名を率いるのは竹中史朗さん（77歳）だ。初代は明治を、2代目は昭和の主に戦前を、3代目の史朗さんは戦後の缶詰の歴史を生きてきた。初代の頃は製缶メーカーすら無く、ブリキを買って丸めてハンダ付けし、自ら缶をこしらえて京野菜の保存用に缶詰をつくっていたという。3代目は今でも、朝の魚市場で材料を見つくろい、全国の取引先を元気に駆け巡る。

「私が家業を継いだ昭和32年頃は、11月の松葉蟹（ズワイガニ）の解禁日から漁が終わる翌3月まで、宮津《みやづ》港に揚がる蟹をトラック4台分ほど買いつけ、すべて手作業で蟹缶にして、主に英国に輸出していました。缶の底にはまず蟹の脚を敷き、次にほぐした身を上にのせ、最後に脚をきれいに詰めて飾りつけします。中味がきれいに整った製品はやはり信頼されます。4月、5月は竹の子やフキを詰めていました。そして7月からイワシの油漬けに移ります。ところが肝心の松葉蟹が昔みたいに獲れなくなり、その穴を埋めるの

1——各々を端正にさばいて塩水に漬けたら冷風乾燥。工程が進むごとに、従業員の配置換えを行う。
2——扱う天然の小魚は生育状態も異なるだけに、厳選した綿実油を注ぐ際も量を目で確かめながら調節する。機械化を図って新鋭機を試しもしたが、納得できなかったという。
左ページ——ベテランが密封用のラインに乗せる寸前に全品の姿形を再度調べて、不完全だと即ピンセットで直す。

1

2

には苦労しました」

やはり自然素材で味と見栄えの良い缶詰づくりを営むには、地元食材で旬の味覚を追う方が経営的にも落ち着く。蟹工船に描かれた過酷な労働現場も、実は稼働が年4カ月だけという、効率の悪さに対する焦りの所産だったのかも知れない。でもなぜ竹中さんは、天橋立の土産物屋でも人気のオイルサーディンを一枚看板にできたのか。

イワシで原点回帰

実は長崎に長逗留していたフランス人から、初めて日本人が習った缶詰の極意「加熱殺菌」と「密封」も、オイルサーディンからだった。江戸が東京になって間もない明治4年頃だが、画期的なこの保存法は殖産熱をあおって各地に広まる。

「父・清治郎は明治32年に宮津にできた水産講習所の第1期生でした。当時、講習所では内海の阿蘇海で獲れた金樽鰯を使い、輸出用にオイルサーディンを製品化していたので、つくり方は心得ていました」

2代目が卒業してしばらくたつと日露戦争が勃発。携帯食糧が必要な外地の兵隊用に、にわかづくりの缶詰工場があちこちに乱立した。事業欲に燃える2代目も大正12年から昭和18年にかけて済州島やソウル、羅州、清州といった朝鮮半島にも進出するが、昭和20年の敗戦で大半の資産を失ってしまう。そんな先人の姿を見た3代目の缶詰づくりは、足元の地域性を丸ごと活かす原点回帰だったといってよい。

「金樽鰯のオイルサーディンを本格化しようと、私は宮津で会社を新しく興しました。イワシは傷みやすい魚だからです。けれど小柄なマイワシが獲れるのは7月から10月まで。大きくなり過ぎると缶詰に使えません。工場を1年中動かすには、何か別の材料も調達しないといけなかった」

結局、若い竹中さんは松葉蟹も含めて、季節毎に品を変えて6品を手がける道を選ぶ。しかし材料が異なればその都度、慌ただしく工場のライン替えをしないといけない。道具類がほとんど竹製か木製の時代で、鉄製だとすぐ錆びる。ボイラーと繋いで野菜を煮る大樽も、使わないとタガが緩む。しかし冷凍食品ブームが背中を押してくれた。食材をマイナス25度でたちまち凍らせ鮮度を保つ急速冷凍技術が登場したのだ。そのおかげで昭和40年代半ばに、イワシ缶詰に特化できた。缶のサイズを一つに絞り、その規格に合わせて中味を選ぶほうがなるほど缶詰づくりの流れも良い。当時、全国で6社がカタクチイワシのオイルサーディンを製造していた。でも仕事が細かく人手もかかるので、利益率の高い他の海産物にやがてシフトしていく。売り場に残った品は、ノルウェー産だけだった。

「ノルウェー産は魚が平べったく、パンに塗ったり、はさんだりして食べるのに対して、国産イワシは魚質が違うので競合しませんでした」

手間ひまの流儀

仕事の流れを工場で見せてもらった。竹中さんは当節流行の歩合制や効率主義をまったく信用しない。けれど、現場で目にする手仕事への集中度には、まるで精密機械メーカーの趣が漂う。まずはイワシが冷凍物なら、解凍後に体長10センチメートル足らずのものを1匹ずつ小出刃で頭と内臓を取り外す。汚れを洗って塩漬けし、身を引き締めたら塩を流す。食品添加物はアミノ酸系調味料も含めて一切使わない。これを網枠の上に散らして冷風乾燥を1時間。それが済むと鋏で尾を切り落とし、身の断面も整える。こうして1日に4万5千尾を、30名がかりで黙々とさばいて整形する。

「鮮度と品質の良い魚を探して使えば、余計なことをしなくても、魚任せで十分に味がおいしい」と説く。

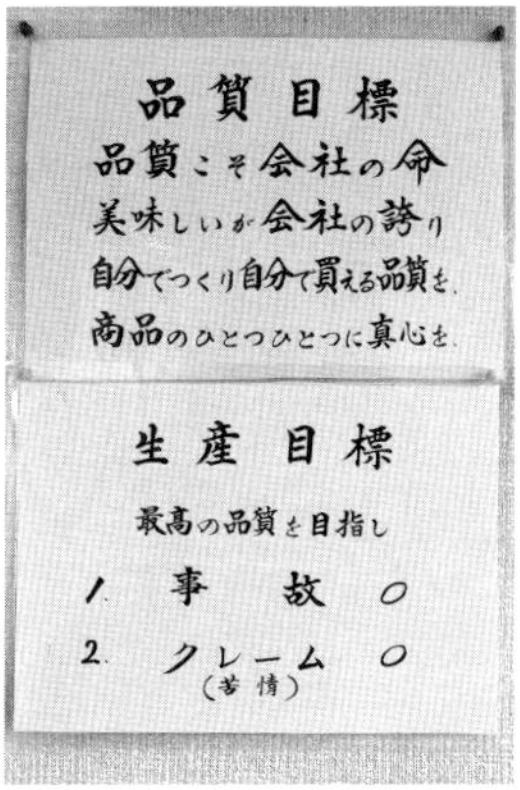

朝礼をせずとも製品への愛着を共有し「その人なりに一生懸命やってくれれば良い」という社風が竹中罐詰の自慢。

そんな工場に食品化学材料メーカーのセールスマンが現れて、「これを使えば魚の艶がもっとでますよ」と囁くこともある。同業者に添加物を無頓着に使うところが珍しくない証しだ。とにかく元々使っていない物を加える行為には、新鮮な天然物への敬いがないのが悲しい。

整形後は高温殺菌も兼ねて蒸気で一度蒸したものを、手で丹念にアルミ缶へ詰めて、重さを確認したらラインに流す。このとき月桂樹の葉をピンセットで1枚添えるのを忘れない。出荷してから封が開くまでの間に、この小さな葉が、青魚系の缶詰につきものの生臭さを完全に消し去る。そして最後には横幅7.5センチメートルの1缶に、14尾が麗しく並ぶオイルサーディンに変身する。初めてこの缶詰を開ける方は、きっと整然たるイワシの並び具合にびっくりされると思う。今時は客を驚かすのも、もてなしの流儀だから丹精にも合点がいく。愚直なまでの缶詰づくりに対するこの美学を、海外発の輸入品にも発見できるのか興味深い。しかも竹中罐詰では一連の細かい手仕事を、みな

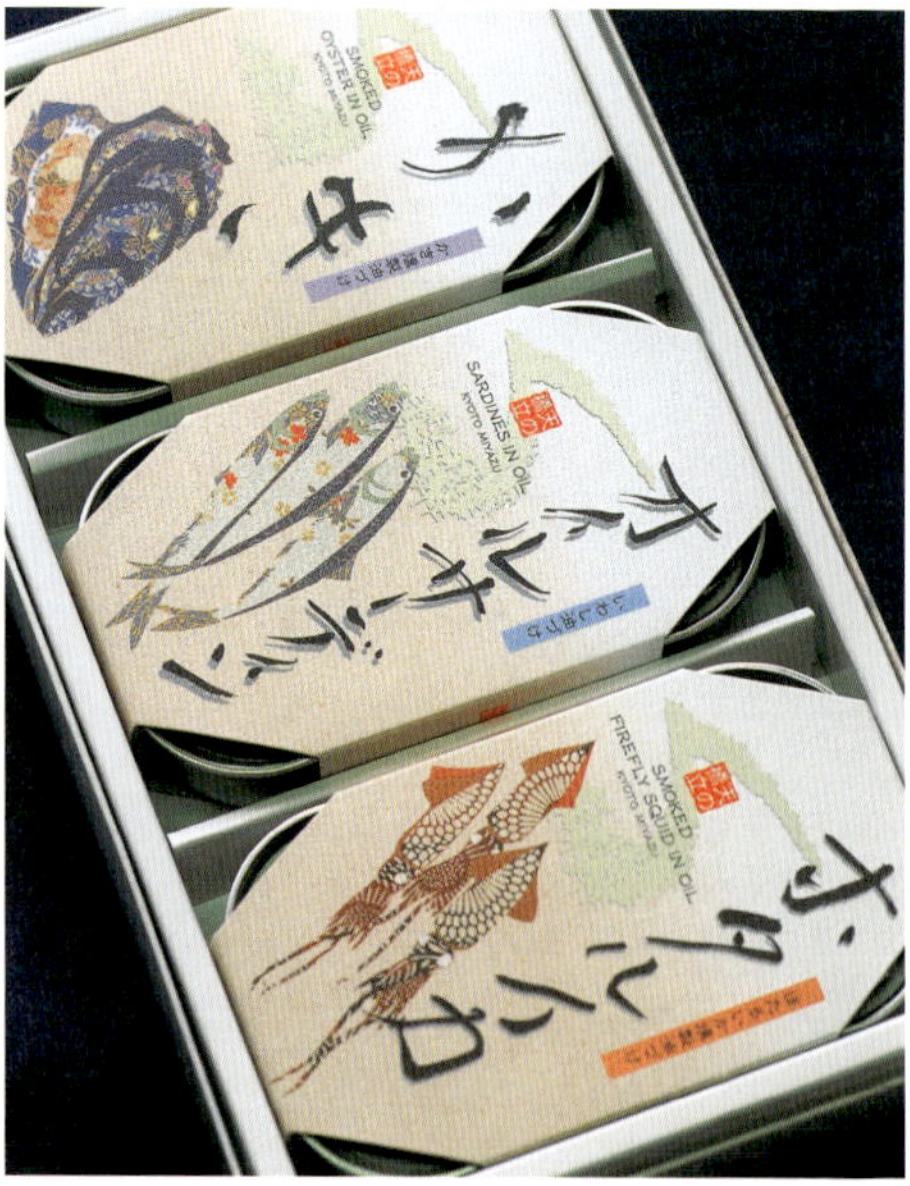

1

1── 天橋立の土産物店の要望で缶に観光写真を印刷することもある。品質もサイズも流通品と同じまま、地元海産物の押し出しにも一役買う。
2── フタが開いた瞬間のマイワシの美学は夜の銀座でも人気とか。

あえて素手のままで行う。その代わり衛生管理は厳しく、エアカーテンや手洗いと消毒の励行も忘れない。

さて、ここから先は機械的工程だが、缶を密封用ラインに乗せる寸前に、係の者が1缶ずつ最後の体裁をピンセットで整える。このラインの途中で、小さな蛇口からようやく綿実油が缶に注がれ、機械がフタを封じる瞬間に中の空気を抜く。ここまでが全工程の7割程度。再び手作業に戻って缶の外側に付着した油を湯で落とす。オートクレーブと呼ばれる、高圧蒸気滅菌釜に入れて120度で1時間加熱する。大きな円筒形の釜の中には、缶を回転させて表面と中心温度が一律になるような仕掛けまで隠れている。終了後にいきなり釜外に取り出すと、缶が歪むので、釜の中で圧力を調整しながら熱を冷まして完成する。

時流にリセットされる缶詰像

そもそもマイワシは江戸時代、掃いて捨てるほど獲れたので、長いこと乱暴な扱いを受けてきた。大半は煮て干されて干鰯となり、お金を払って入手する「金肥」として買われて、近畿地方の綿花畑などに撒かれた。かたや小さなカタクチイワシは煮干や丸干し、ゴマメなどに用いられた。マイワシの成魚の餌が植物性プランクトンなら、細長で引き締まったカタクチは動物性プランクトンも好む。そこが両者の風味を微妙に分かつ。またウルメイワシは丸干しや刺身が一番おいしいが、残念ながら身崩れしやすく缶詰に向かない。

順調にみえたマイワシの漁獲高も昭和63年の450万トンをピークに年々減って、今や僅かに年間5万トンしか獲れない。かつて大半が飼料用のフィッシュ・ミールに加工されたが、現在はそれどころでない。

実は竹中さんにも、材料難で工場を休業した悔しい記憶がある。打開策として外国産のイワシの輸入も考えたが、国産にこだわりカタクチイワシで油漬けを試みたら評判を呼んだ。水揚げ直後に急速冷凍させると、翌シーズン直前でも、旬の鮮魚を解体したものと味が基本的に変わらない。

小さな地場産業が存続するには、よそがおいそれと真似できない流儀を守るに限る。それだけにどこの缶詰工場でも、見学を断わる場合が多いという。目にも美しい缶詰をつくり続けるには、全員が同じ「客目線」で現場に立ち、一体感を醸すことが大切だ。それには従業員への信頼感を前提に、同じ美学を共有し、自分の目が届く30人規模が理想なのだという。だから3代目は工場も大きくしたくない。また、消費者の利便性を考えて、8年前に、それまで使ってきたスチール缶から、同寸でより軽いアルミ缶に仕様変更した。

「缶詰の賞味期限は業界の決まりで3年間と定められていますが、できたてよりも、日がたったほうが味は間違いなくいいです。時間がたった分だけ、イワシと綿実油がよくなじみ、熟成して味もまろやかになります」と3代目。やがて4代目となる息子・晋也さんが傍らで笑う。

「私もよく熟成した缶詰を食べますが、本当にうまいです」

イワシが獲れないと加工するものがない。今から約20年前、竹中さんは京都国体の開催を機に地元産品を広めようと、イワシ系以外にホタルイカ、牡蠣、シシャモの油漬けも季節商品として同じサイズの缶でつくるようにした。

イワシはどちらかといえば、あまり自己主張しないタイプの魚だ。香りが強いオリーブ油に漬けるとイワシの風味が負けてしまうから、綿実油の方が合う。顧客の中には、缶の裏に刻印されたロット番号から、同じ時期に製造されたものが欲しい、とオーダーを入れる溺愛派もいる。でも、それには応じられないときっぱり断る。

自然界の生きものは水温や餌や台風にも影響を受け、ストレスを感じる。例えば釣った魚を小さなバケツに1時間も入れておけば、味がまったく変わるという理屈に通じる話だ。そんな弱い魚の代表のようなイワシと向かい合い続ける竹中さんだけに、自社製品に納得がいくまで10年以上もかかったという。すべての人間は無数のか弱き生きものたちによって生かされていることに気づく、素直で麗しい缶詰だ。［2012、早春］

取材ノートから

それからの缶詰

社長の竹中史朗さんは電話の声がいつも明るい。

「魚は増えませんが無事に作り続けております」と泰然自若の宮津弁である。

そう、日本中の魚が増えていないのだ。理由は定かでないが、特にイワシは増える時期と減る時期が大きな周期でやってくる。その周期が何によるものかは今だわからない。そんな現況を悲観する様子もなく、竹中さんのからからと明るい声がさらに続く。

「いま、鯖のヘシコの骨を抜いてスライスし、それを油漬けにした新製品を準備中です」

ヘシコとはハラワタを掻き出した地元の新鮮な鯖に、塩をふって丸ごと糠に漬けた若狭地方の郷土食だ。本来はそれを包丁で切って炙り、小片をご飯にのせてお茶漬けにして食べる。いつも魚を慈しむ竹中さんの仕事ぶりが伝わってきた。

食品スーパーの魚売り場では近年、半身で縞模様のきついノルウェー産の鯖がやたら目につく。水産庁や各漁協も震災前まで、乱獲を防いで沿岸の鯖をなるべく増やそうと躍起だった。

滅多に触れられないが福島原発事故以来、明らかにされた事実の一つに原子力発電所設置による海水温上昇がある。原子炉の一次冷却水をラジエター状の装置に通す際、海からくみ上げた海水を二次冷却水として使う。それを再び海に放出すると、付近一帯の海水温は通常よりも3度ほど高くなってしまう。つまり熱量の大きい原発は巨大な「海沸かし器」なのである。しかも火力発電とは異なり、熱量調整ができず、運転停止中ですら燃料棒は熱を放つ。原子炉を海岸に作ったが最後、海流と関係なく海は温め続けられる。それで施設周辺の海域に暖流系の珍しい魚が棲みつく。そんな熱源を海辺に54基も並べたら、沿岸は毛布を1枚被ったも同然だろう。１９７０年代には日本海で見られなかった魚が近年、32種も確認されて今やお風呂屋さん状態だ。西京焼が人気のサワラも暖流系の魚だが、最近は博多沖から３００キロメートルも北に引越して若狭沖でたくさん揚がる。原発の建設ラッシュが１９８０年代以降だけに、お引越は果して地球温暖化だけが原因なのか。故郷の海を大切にしてきた竹中さんの苦労がしのばれる。

里編

カリスマ食堂の原価率

相つぐ食材の値上げに料理人が頭を抱えています。
かつて全国から物産を集め身近な外食文化を育んだ大阪。
今なお常識外れの原価率で料理を提供する
地元の名物食堂を通して外食産業の理想と現実を探ります。

天王寺と堺を結ぶ古風な路面電車にことこと揺られて降りたのは、阪堺線の寺地町《てらぢちょう》。食堂『銀シャリ屋ゲコ亭』はその停留所から目と鼻の先にある。暖簾をくぐると飾りっ気のない店内に、美味しそうなおかず類を盛った小皿が、ずらりと大パレードのごとくステンレス台に並ぶ。

漬け物、焼きタラコ、ブリ照り焼、生マグロ刺身、水茄子甘辛炒、筑前煮、牛肉スキ焼き風、玉子焼、それにご飯、みそ汁。まるで和食の楽園である。丹精こめた献立は、１００円から４５０円までおよそ30種。昔ながらの乾物類を使う、ひと手間かけた料理も多い。あれこれと見つくろう常連客の姿が食欲を煽る。町のご飯屋さんの魅力は、ざっくばらんにいろいろな味を、手頃な値段で楽しめることだ。1品４５０円を超すものはあえて置かない。割安感を求めて客が払う勘定は平均１０００円ちょっと。毎日20万円を売上げる人気店だ。「百食売れたらあらかた成功」の食堂界で、全盛期に5百名が連日詰めかけた光景は、記憶に新しい。バイキング然と並ぶおかず50種と、そこに群がる人垣を想像してほしい。それでも夏は水と米が不味くなるので2カ月半、年末年始もひと月休む。

そんな流儀でゲコ亭を45年営むのは村嶋孟《むらしまつとむ》さん78歳。毎朝4時には厨房に入り、そこへ妻の恵美子さんと息子の隆さんが加わり、親子で腕を揮《ふる》う。亭主は飯炊きと野菜料理。妻はみそ汁2種にポテトサラダと玉子焼。長男は魚料理をさばく。お茶と会計は亭主の妹。皿はパートが洗う。売切れ御免で早朝から仕込むのは、各25皿分の煮物類である。朝9時から昼2時過ぎまで2百名を超す客が足を運び、おかずを売り尽すと昼下がりには店じまい。夜も早寝。作り置きをしないから、冷蔵庫は空っぽに等しい。齢を重ねた一家は年間180日だけ開店。去年は売上も3600万円で、昔の3分の1だ。〝難波の飯炊き名人〟の異名をもつ亭主は、1人でご飯7釜を炊く。

原価率という「心」

この春、関西圏で駅前食堂を営む人々がそこを訪れた。バイオ燃料用の穀物高騰から小麦不足、石油暴騰、温暖化も加わり食の現場が怪しい。時代の波をもろにかぶる個人店主らが先行きに不安を覚え、伝説の店は無事かと確かめに来たのだ。みな口々に「ようやってまんなァ」と感心。

ゲコ亭が創業当初から繁盛したのは、常識外れな原価率の高さが他を圧倒したからにほかならない。原価率は売上に占める食材コストの割合である。1品100円の料理の食材コストが、味つけ用の出汁や調味料も含め50円かかるときは、原価率50%。飲食業では原価率30%が一般的といわれるが、村嶋さんは素人感覚でいきなり当初から55%で開業。厳選した優良食材を使う流儀を志したからだ。それが原因でゲコ亭は、のちに税務署と課税をめぐり予期せぬ争いを抱え込む。原価率55%にあらぬ疑いをもたれ、暴言まで浴びた。

――村嶋さん、長い物には巻かれなはれ。

しかし諦めなかった。不服審判所に訴えて交渉の末、事実が認められたのは5年後だった。飲食店の運命を分けるのは立地や財力、つまりは来店者数と原価率との綱渡り芸にありそうである。たとえば

1――夏の2カ月半、店を閉めた村嶋孟さんも、8月末はゲコ亭再開の準備で慌ただしい。
2――出汁用の煮干しの頭取りから仕事を始める長男・隆さん。
3――平飼い鶏卵に昆布出汁を加えた玉子焼きは、最盛期には1日に卵15キログラムを使った、恵美子さんの超人気メニュー。
4――毎朝30人分のブレンド米を7釜用意。洗米を水に浸してザルにあげ、最初弱火6分、中火15分、吹いたら弱火5分で蒸らし10分がゲコ亭流。
左ページ――昼前に出揃う、手づくり約30種をすべて売り尽くすと午後2時過ぎ。

1

4

3

2

ゲコ亭の場合、出汁は4000円／キログラム前後の北海道産の真昆布と、本枯かつお節をたっぷり使う。さらにムダを省いて総菜の質を高めたいので、流しの蛇口の向きや竈《かまど》の造りまで知恵をしぼり尽す。鍋底に残る絶妙な煮汁は、別な料理の味つけに活かすので決して捨てない。葉菜類も先に刻んで茹でれば熱の通りも早いはずと、一つひとつ手順や常識まで疑り、ゼロから工夫を重ねた。早い話、素人料理でスタートした家族食堂が、料亭級の味の水準に迫ろうと挑み、年々レベルアップしてきたのだ。そうやって搾りだした現場のゆとりと余剰金を、ふたたび食材に還流させれば、常客もいよいよ増えて競争相手がもう現れない。

「これまで売上にかかる費用の6割が原材料、3割が手間賃や光熱代を合わせた経費、残り1割を店の純利益として残してきた。でも原価率が7割までいくと、店にはさすがに何も残りませんよ」と亭主が嘆く。

2000年前後から、消費税や公共料金値上げによる光熱費アップが続き、多くの料理店主が目標とゆとりを失い始めたという。しかも地球温暖化に伴う食糧の高騰と、お客への奉仕精神が二人三脚を始め、70%というレッドゾーンまで原価率を押し上げた。薄利多売の店に切り札はあるか。

「何とか下げないといけません。でも海や土から生まれる生鮮食料にまで消費税をかける、日本みたいな国はありません」

採算すれすれの割安な献立が含まれていても、全体としての客単価が高いお陰で、ゲコ亭はカバーできるのだという。ならば客数の限られた、小さな個人店はこの先どうなのか。その顔に厳しい表情が浮ぶ。

「爺さん婆さんが細々と良心的に営んできた昔ながらのうどん屋や、大衆的な食文化は消えてなくなる

以前は1杯150円、お代わり無料だったご飯。最良の食材を廉価で出す薄利多売な家庭料理のゲコ亭でも、時折食い逃げが出没したという。

んと違いますか」

客も店主も、寂しい時代を迎えたものだ。事故米の流通や産地偽装のカラクリも、八方ふさがりの食品業者が目先の利益を追う体質から生まれてくる。

まがい物を掴まない

外食を楽しむ環境が年々悪化している。野菜にもその兆しが見える。たとえば西日本のいわゆる露地もの地野菜で、甘く赤みの強い金時人参が前ほど手に入らない。風土に根ざす各地の伝統野菜が、育てるのが楽な改良種を売りまくる、大手タネ・ビジネスに飲まれつつあるのだ。外来野菜のピーマンなどが幅を利かす昨今、村嶋さんは伝統的な色や形や味の喪失を危ぶむ。だから素性の知れない輸入野菜は、どんなに安くても買わない。残留薬品の多い外国産は鮮度も悪く、どう料理しても野菜本来の自然な旨味を引きだせないと戒める。たかが食堂、されど食堂。外食の楽しさを育てた者の意地がキラリと光る。

「野菜料理の味は鮮度が命。冷凍や中国産は使わない。そこに踏みこめば、化学調味料をなし崩しに使いだしますよ。切った瞬間に水が飛ばないような野菜を使ってはいけません」

店から消えた自慢の味が、いくつもある。息子の得意な鰻蒲焼もその一つ。鰻の稚魚シラスが日本の河口をあまり遡上しなくなり、台湾産稚魚を空輸して養殖するので国産鰻は品薄が続く。みりんと酒と溜まり醤油を煮詰める、タレ作りにも1人前50円かかる。それでも熱烈ファンに応え続けた苦心の花丸メニューだった。なぜ消えたか。国内産の大サイズ1尾が９００円で入った頃は、蒲焼を3等分にして４５０円で出せた。抗生物質づけの中国産鰻を高く売りさばく産地偽装の発覚で、国内産の高値に歯止めがかからない。焼くとかなり縮む蒲焼を、さらに細かく刻むわけにもいかず、無念の降板となった。宍道湖《しんじこ》の大和シジミ１０００円／キログラムをたっぷり6キログラム使う、シジミ汁１００円も同じく消えた日本の味。10年前には当たり前に出せたのに、水揚げが落ち、風味のない韓国産が市場にどっと流れこんだ。ちなみにワカメは、アワビの生息地と重なる産地のものがうまい。そこで、亭主はあくまで岩手・山田町産を使う。

おかずの行方

韓国産を目の敵にする訳ではない。むこう見ずな外国勢が、日本人の味覚を乱す怖さをプロは知っている。それで良心的な店ほど国産の生鮮食材を大切に扱う。素材同士の微妙な調和で成りたつ日本のおかずは、持ち味の結び目が命だ。唐辛子とニンニクもなるべく使わない。香辛料が勝ちすぎると素材の味が隠れ、料理に陰影が失われてしまう。同じ煮物でもそれぞれ風味も異なり、堅さ柔らかさにも気を配る。歯ごたえ・舌ざわり・喉ごしの差があるから、何品も選ぶ客の心も躍る。

ワカサガレイなどの煮魚類、そしてサワラの西京焼はもう並ばない。1杯1000円に高騰したモンゴウイカもさようなら。白味噌とみりんに漬けこむアマダイからして、魚そのものが市場に入らない。幸い、ひところ築地に集中した地魚が、地元市場に戻りはじめた。けれど、業者が買い負けして、中央でも地方でも高級魚は中国に高値で流れるのだから、やはり悔しい。

さすがに、サンマやシャケや養殖ブリは安定供給魚だ。ブリ照り焼は、3枚におろした新鮮なブリを切り身にしたら、水醤油で丁寧に洗い、生臭みを取って、じっくり焼く。落とした頭はブリ大根の材料、残った骨の部分は寒風にさらすと粕汁のネタに蘇る。食材のムダを省くことがいかに店を潤し、料理の質をさらに高めるかお分かり頂けよう。繁盛店ほど売れ残りが無く、ゴミが少ない訳も。混沌とする舞台裏で、銀シャリ屋の看板を支える、肝心のお米だけは440円／キログラムと長いこと変わらない。精米したてが毎夕、米屋から届く。食べ慣れたものも、優しく扱うだけで味が際立つ。

「化学肥料を使わない有機米は、水の中で手に触れると違うし、香りが立ちます」

精米したてを４分ほど研ぐ銀シャリ。体力勝負の半世紀だった。

創業から45年間、料理による事故はない。ただし売れ筋の、浅く締めたシメ鯖と酢ガキは早々に消えた。いくら注意を払っても、アレルギー体質の客の前にはお手上げなのだ。結局、リスクの大きい2品が降板。カキフライが登場する。余談ながら、食器を1人平均五つ使う。全盛期は延べ2500枚分を、リース器材の浪費と機械洗いへの不安から、手作業で女性陣が洗った。

時流に惑わされない食習慣

ゲコ亭スタイルはやがて、家人を気づかう家庭の味にだんだん近づく。炊きたてご飯で驚かせ、おかずも上質な作りたてを毎日置く。すると客は家庭的な幸福感で心も満たす。ただの商売なら真っ先に電卓を叩くが、献立の原価率を亭主はあまり気にしたがらない。やってダメなら方針変更。食堂の理想像をまっしぐらに追えた理由もそれだろう。家族経営は誰か1人が欠けても辛い。だから売上目標や面倒な話も後回しで、とにかく働き、よく遊ぶ。こうした当たり前の食習慣に人生を賭ける力は、どこから生まれたのだろう。

昭和20年7月10日深夜。彼の育った堺が、焼夷弾を雨のように降らすB29の大空襲に見舞われた。一夜にして焼け野原となり、死者2千人近くをだす。父親は旦那衆の木造豪邸を磨く「アク洗い」の親方だった。当然ながら仕事は途絶えてしまい、旧制中学3年で食べ盛りな15歳の彼は、食糧難を焼け跡の野菜づくりで自らしのぐ。

そうした敗戦の渦中ですら、なけなしの白米とイモを粥にし、仲間にふるまう弘毅な父の姿があったという。そして21歳から6年間、北海道で土建屋の現場監督をつとめた。結婚して堺に戻ると紡績会社で働く。やがて料理店主を夢みて休みのたび、初代の吉兆やたん熊などの名店を食べ歩く。限られた予算で各自が1品頼み、一家みんなで味わう楽しい時間を過ごした。板前修行を積むにはもう遅い。ならば銀シャリで勝負できないか。そんな発想が湧いたのも、一流料亭でもご飯の味だけは月並みと気づいたからだった。

東京五輪前年の32歳のとき、地元でお好み焼き屋を開いてからというもの、連日3升釜で飯炊きのこつを丹念に探り、知人にふるまい味を確かめたという。お好み焼き屋を、ご飯40円の食堂に脱皮させるまでに半年。信号の少ない紀州街道を飛ばすタクシー運転手や、セールスマン、トラックの運転手がたちまち常連客になった。

学校で誰もがエンゲル係数という用語を習う。家計に占める食費の比率で、エンゲル係数の高さは生活水準の低さの証しと教わる。これは西洋的発想の押しつけの様に思えてならない。親なら特に自分が払える範囲内で、なるべく良質な料理を家人にこさえたいと思う。空腹さえ満たせばそれで済む西洋の動物じみた食を、日本の食文化は長らくよしとしなかった。それが世界に名だたる食の楽園を培った。外食でも内食でも、天然素材の自然な味を、ご飯のうえに広げて喜ぶ。そんな等身大な食習慣の楽しみを崩す国の未来を、亭主は近年危ぶむ。［2008、冬］

取材ノートから

どれだけお客を満足させられるか

家族全員でこの主題を深めてきたゲコ亭は、物語の豊かさにおいて比類がない。初めて訪れたのは1990年代末。当時は、ウェストバージニア州立大の大学院で数学と経済学を修め、州のビリアードチャンピオンだった次男の忠良さんも厨房に立っていた。実証主義を貫く彼は、菜を先に刻んでから湯がき、氷水で一気に冷やす方が熱の通りも抜けも早く、煮浸し類も緑が鮮やかさを保つことに気づき、さっそく取り入れた。同じ味なら見映えが美しい方が食欲をそそる。白ゴマはそのつど小鍋で炒り、香りを添えることをいとわない。野菜の仕入れ値を毎回パソコンに入力してグラフ化したら、「旬は高い」という思い込みが覆された。どうすればロスを減らせるか。前の晩に天気予報をみて気温や晴雨による客足の流れを読む。損益をへらせれば、ムダが省かれた分だけさらに料理の質に還流できるからと熱く語っていた。家業の隅々にまで経済学の実験を試みた彼も現在は、ネグロス島に移住して一家を構え、実業家として活躍する。

父の孟さんも飯炊きではそれ以上に修業を重ねた。食味が狂わないように毎週山歩きを楽しみ、口内を傷める揚げ焼きそばのような類いは口にしない。紀州街道に面した穴場に、腹を空かせたセールスマンやタクシー運転手が道端にクルマを止めて続々と詰めかけた。ご飯と総菜をセルフサービスで選ぶ至福のひと時は、ゆっくり食べてもせいぜい25分ほど。ところが地元の堺市は2010年から駐車監視員と呼ぶ駐車取締の民間委託を導入した。以来、クルマで立寄る客は巡回が気になり、一膳を心置きなく味わえない。結局、慎重な主人は熟慮のすえ店内を35席に減らし、土日の家族連れ向けにシフトして再開したのが去年の話。

「毎日16時間働いてますが、間もなく82歳ですわ。さて、いつまで続けられるものやら」と村嶋さん。ふだん着で憩う食の園が永遠に枯れないことを祈りたい。

旬の野菜と出合う

レストラン用の青果卸・『築地御厨《みくりや》』を2005年に開いた内田悟さんはおいしい野菜が選べる目利き人。料理人の心と農家の丹精を結ぶ姿は八百屋さんの未来を感じます。菜食主義に徹して悟った露地野菜の旬と自然農法の味。『やさい塾』が台所力を磨きます。

深夜2時。東京・中央区の佃大橋界隈に構えた、青果卸『築地御厨』にスタッフが出勤してきた。こぢんまりした事務所には、各地ご自慢の有機農産物が、すでに宅配便で勢ぞろい。代表の内田悟さん（53歳）が、全国の生産農家に足を運び、選りすぐった物ばかりで百種類ちかい。それらを昼までに、都内の飲食店約60軒に届けるため、毎朝6時に最初の配送車を送りだす。

　ほの暗い裏通りに空段ボール箱をずらりと並べ、各店からの注文票に沿って、1箱毎に生鮮野菜類を細かく詰めていく。枯れかけた葉を抜き、乾いた根元をカットし、霧吹きで濡らして新聞紙に包む。気温が上がるとカーテンで室内を仕切り、クーラーで冷やす細心ぶりだ。初冬のこの日は、伊豆名産の原木《げんぼく》シイタケ類がどっさり到来。

「菌床《きんしょう》栽培のキノコは基本的に扱いません。菌床ものは薬品を使うから、熱を加えると化学変化を起こし、どうしても香りが悪くなる。あれが良くてコレがダメという言い方をしたくはないが、原木栽培は味がともかく別世界。冬菌に入ったので、傘が肉厚で味も濃い」と内田さん。

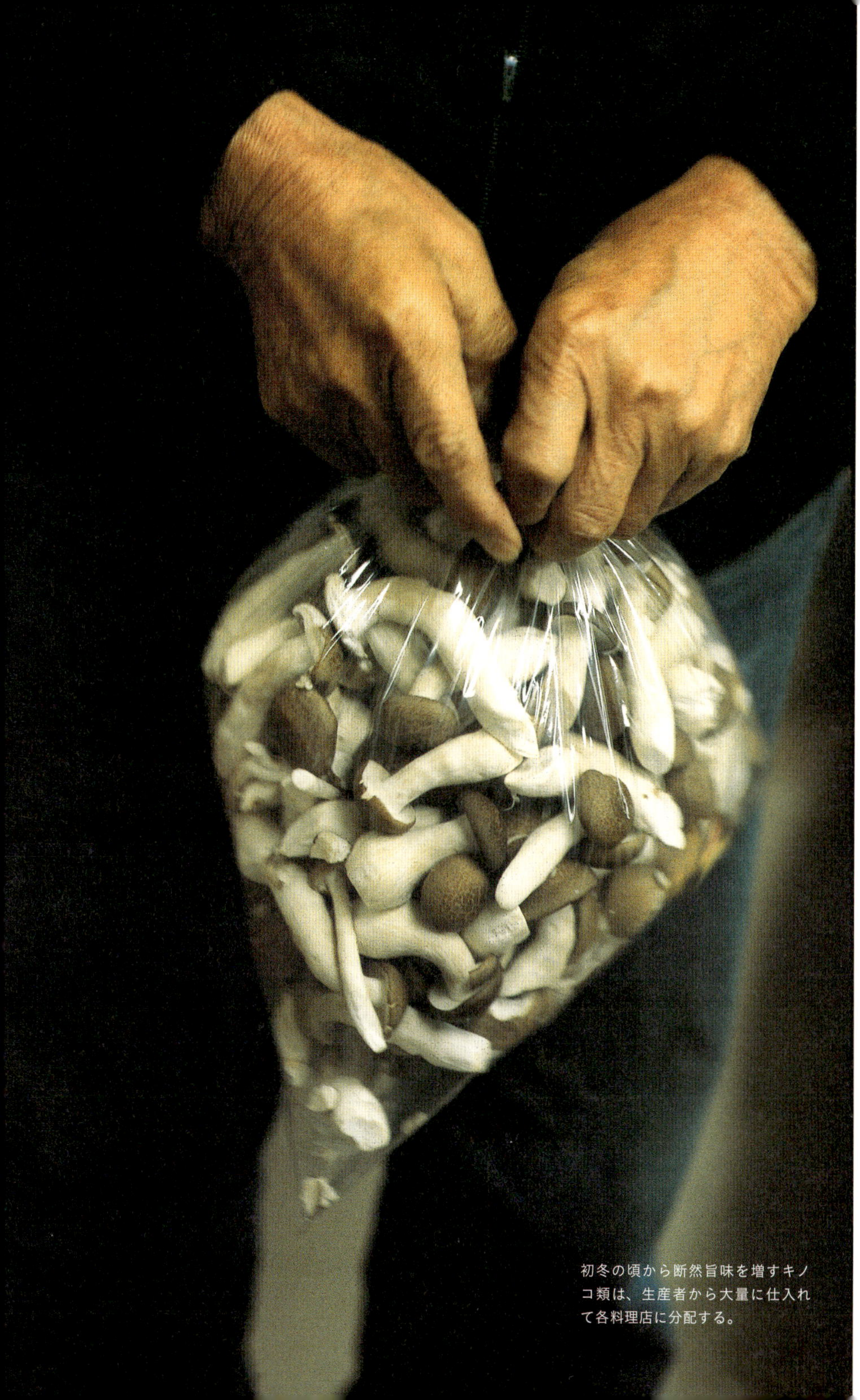

初冬の頃から断然旨味を増すキノコ類は、生産者から大量に仕入れて各料理店に分配する。

初物は必ず試食する。自家採種を貫く長崎の名人・岩崎政利さんが作る、雲仙コブ高菜の味に私も絶句。その選択眼に感心するばかりだ。料理人が、客に感動を与える味の芸術家なら、その水先案内をするのが旬の野菜たち。内田さんはそんな信念でひたむきな有機農家と向き合う。20代半ば過ぎまでは、フランス料理店で修業の毎日だった。

「料理人をやめたのは、殴るけるも当たり前の舞台裏で、かたくなに技法を隠す閉鎖性が嫌になったことも大きい。心を広く、優しく教えて何がいけないのか。農家と料理人の橋渡しをする今となってみれば、良い人間は良い料理人になれる。それだけは確信がもてます」

実は彼のように各地の篤農家《とくのうか》を訪ね歩く青果商は珍しい。農協・経済連が永年支えてきた青果市場に行けば、化学肥料と農薬に頼った慣行栽培の農作物なら、一応なんでも揃う。ハウス栽培が多くて、四季の制約にあまり縛られない。早い話、少量多品目を心がける小さな有機農家の個性的な味たちは、大きな市場からこぼれてしまう。

内田さんと有機農法との出合いは20年ほど前に遡る。折しも2歳の愛娘がアトピーを患い、父親として大いに悩む。思い浮かぶ疑問を、食物に聡《さと》い仲間にぶつけた。家で使う塩を自然塩に、水もミネラル入りの非加熱天然水に替え、合成の調味料を一切やめた。すると1年でアトピーがすっかり消えたではないか。それが野菜観を、本来あるべき農法へと回帰させた。知人の案内で各地に有機農家を訪ねては、新しい野菜の時代が必ずくるから、技を磨こうと励ました。やがてその信頼が花開き、紅シグレというダイコンを手がけてみてはどうか、などと篤農家に提言するまでになった。

直接取引だと、値段に乱れが無く、生産者も料理人も満足がいく。そうして足を使って培った、農の鋭い眼力が内田さんの起業を促す。しかし自分が菜食を楽しまずに、自然栽培の野菜普及もなかろう。それで完全菜食を3年続けた。肉類はいまも滅多に口にしない。けれども不満はつのらず、菜食中心なので体が軽い。食生活は至ってシンプル。昼は事務所でパスタを茹でたり、皆で蕎麦を食べにいく。家ではビールを飲んで、つまみを食べる程度。それ以上食べると、体が疲れてしまうという。

「自然栽培の農作物を扱う理由は、何もしない方が野菜に良いと気づいたから」

四つの季節と適地適作

日本の露地野菜には大きくわけて季節が四つ。3月から5月までの竹の子や菜花《なばな》などの芽吹き野菜。6月から8月にかけてはナスや豆やピーマンなどのぶらさがる果菜系。9月から11月まではニンジンやダイコンなど根菜類。そして12月から2月までは、白菜など地表の冬型野菜。この冬型野菜が好むのは、地中海からインドにまで及ぶ地中海気候である。だから冬から春にかけて、キャベツのような地中海原産の葉菜が良く育つ。日本の夏は湿気がひどくて温度も高い。アスパラやブロッコリーをその環境で育てたら腐ってしまう。ところが冬に植えると、すくすく育つ。原産地の風土を調べると、それらの外来種野菜がうまく育つ条件がすべて揃っていたのだ。つまり適地適作の法則を、彼は風《ふう》・土《ど》とフードの相性で捉える。やがて露地の旬だけを味わううちに、うまい産地と風土の接点が見えてきた。

「例えばアスパラは、畑が、火山灰を降らす火山を背にしているかどうかが産地の目安。灰が降ると土が中和され、酸性土壌は弱アルカリ性に変わる。日本のアスパラ産地をみても、北海道の美瑛町《びえいちょう》は後ろに旭岳を控え、噴火湾の旧虻田町《あぶたちょう》は昭和新山のおひざ元、長崎は雲仙と、私の経験上、みな活火山を背にしている。長崎産のアスパラを食べてみると本当に美味しい」

かつて勤めていた料理店の取引先の青果納入業者に誘われた縁で、卸の世界に進んだ。プロ意識に燃える彼は、数々の気づきを春夏秋冬に重ねた。

「旬のおいしさは肥料とかの問題でなく、適地適作にこそ秘密が隠されています」

北海道の炭坑町・三笠で育った、7人兄弟。父親は農家でないにも関らず、自家菜園で一家の野菜類を全てまかなった。

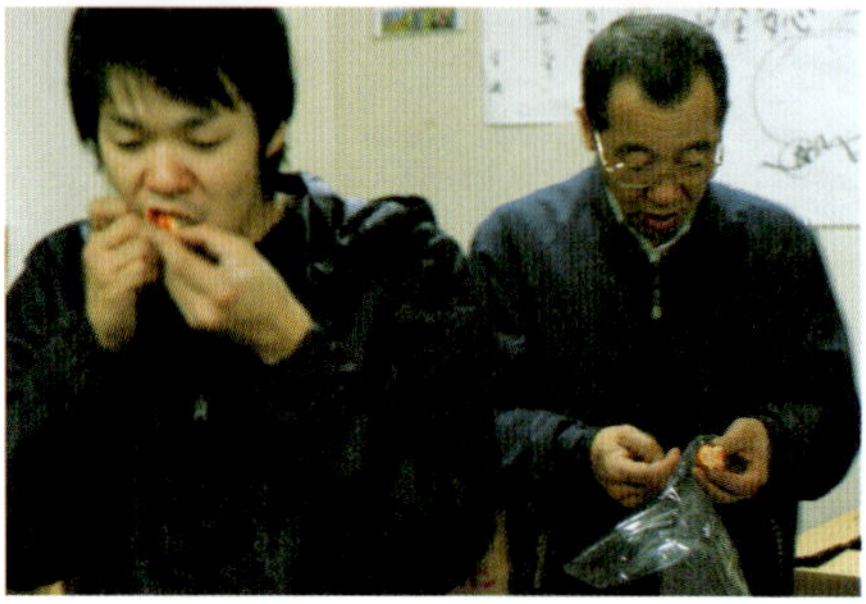

1, 2 ―― 深夜2時に始まる野菜の手入れ。まず、鮮度と旬を確かめ、枯れや傷みを丹念に取り除く。
3 ―― 路地で自然に逞しく育つ野菜は、旬を過ぎても腐らずやがて枯れる。そんな「枯れる野菜」こそ、滋味豊かで料理人の心を掴む。全国から届く旬を、注文に応じて丁寧に箱詰めする。

「大阪で料理人修業をしていた昭和50年代、どうして野菜がこんなにマズいのかと驚きました。レタスもハウス栽培で味が無く、食べられなかった。なぜそう感じたのかと思えば、北海道では18年間、家の露地野菜しか食べていない。三笠だと野菜の季節は5月から10月。実家の窓を開ければそこにブドウが実り、ナスやイチゴがなっていたんです」

夜明け前の青果市場

御厨のホープで同郷の、阿部秀馬《しゅうま》さん（30歳）も語りだす。

「うちで扱う野菜にも自然栽培と慣行栽培と両方がある。正直、全てを有機の自然栽培ではまかなえません。6割は、築地市場で扱う慣行栽培品や輸入果物で揃えます。分類的には山に自生する山菜等の野菜が文句無しに一番上等で、地元から独自ルートで届く。二番が無化学肥料・無農薬の有機栽培品。その次がJAS法認定の有機農産物、それより下がって慣行栽培品。ＪＡＳ品にも、許可された農薬を使う有機栽培もあるから、ランクがさらに分かれます」

つまり天然に近づくほど品質が高い。

阿部さんは毎朝5時、仲買に発注した品を引き取りに築地市場まで車を走らす。仲卸がハモニカ状に店を連ねる、市場の迷路を慣れた早足でどんどん進む。そこには御厨を応援する仲卸もある。料理人が朝の築地にわざわざ買い付けにいくのは、一つのステータスだという。もっとも産地を訪ねるほど勉強熱心なシェフでも、大半は形式的にそうしているに過ぎない。それに代わって料理店の必要なもの全てを整えるのだから、御厨は用達係《ようたしがかり》に徹しないといけない。何しろ、築地に集まる農産物は、輸入品も含めて優に3百種を超す。

「市場のしきたりは、早い者勝ち。良いものが欲しければ誰よりも早く着き、自分の目で確かめて買わないといけません。ここにきて顔を毎朝合わせるのも大切なんです。会って話すと、収穫のピークなどの状況も見えてきます。取引先のために誰よりも早くきて、私らが良いものを安く手に入れる。それが最終的にはレストランとお客のためにもなる」と阿部さん。

場内の仲卸は、店毎に扱い品目の長短をもち、農産物を収めた小箱が角々に積み上げられている。先付けと呼ぶ、競りにかけずに前日から予約して取り置く万願寺《まんがんじ》とうがらしも並ぶ。阿部さんは必要な量だけ用紙に書きこむ。出遅れたら残りは無い。「有機こだわり農作物コーナー」と銘打った狭い一角がある。有機農家が個人で唯一出荷できる売場で、農薬のかからないミカンや柿なども手に入る。その狭さが日本の有機農業の乏しさを物語る。阿部さんが最後に向かったのは場外にある品揃えピカイチの乾物問屋、北島商店。取引先

内田さんに信頼を寄せる料理人たちは、店でその日に出すサラダの組み合わせを任せている。

のシェフに頼まれれば、味噌やポン酢だって調達するのだ。

シェフの誰もが野菜に詳しいわけではない。それだけに御厨の責任も重い。国産の美味しい旬の野菜があれば、内田さんは調理法まで含めて、迷わずそれをフレンチのシェフに薦める。季節毎の日本の旬をお客が日本で味わえなくてどうするのだ、とコミュニケーションを交わす。

「これまでの農家は全国的に、作りやすいものを作ってきた。例えば、昨年白菜が高かったから、今年は白菜で勝負するとか。しかし今後は、もっと風土に合わせて作付けしないと生き残れません。旬の味を地方から中央に出荷できない所は、お金も巡らないのでどんどん過疎化が進む」

野菜をより身近に

ただ安ければ良いという食材観では、食料自給率も上がらない。農業のあり方を、ようやく行政も深層で考えだした。有機農産物を定めるJAS法制定もその一つだった。ただし素人には情報量が多すぎて選びきれない。オーガニックの間口が広すぎるからだ。

国産野菜の自給力をアップさせたい内田さんは、2007年から月に一度「やさい塾」を事務所で開く。野菜を選ぶ眼や保存法が学べ、延べ5百名が受講した。9割が女性。50歳以上に絞る場合もある。もう肉じゃないよ、という世代が集まる。そこで学んだ老舗居酒屋の主人は、今や御厨の大切なお得意様だ。

「日本人の一番すてきな点は、野菜の保存法をみな知っていること。冷蔵庫の無い昔から、天井近くの風通しのない所に吊るすとかして保存した。露地栽培に絞って見ていくと、季節毎に体が求める食材と、日本食の伝統的な調理法との相性の良さがはっきり浮かびます」

1時間語り、残り1時間で3品を調理。一緒に食べて、しかも無料。日頃プロが相手の彼は、何よりも一般消費者との接点を大切にしているのだ。その土地本来の旬は露地栽培にある。今後、そういう農業に移行しないと、日本人は旬の楽しみを見失う。

「今、通年栽培できる種を作り出した弊害が起きています。ハウス栽培の野菜は栄養学的にも３、４割落ち。でも人間がどんな改良を加えようと、露地栽培の世界は先祖返りもするし、必ず夏場と冬場で味が違ってくる。冬型野菜は寒くなると甘みをまし、自分の身を守る。夏の大根が辛いのは、甘ければ腐るからです。子孫繁栄をしようとする、野菜の本来あるべき旬の姿がそこに宿る。人の味覚に合わすのではなく、植物そのものがもつ必然性が味を創りだします。学術的な話はともかく、生命力あふれる旬を五感で感じ取ってほしい」

一体、野菜のうまさとは何か。畜糞堆肥をたくさん畑に入れたら味が甘くなり色も出る。けれど自然のしくみが崩れだす。

「この野菜甘いねと、よく言います。でも火を通せば、甘さの真実がはっきり判る。自然栽培だと、生でも火を通しても、冷めても、味に共通性がある。でも動物性堆肥が多い畑の野菜は、その味が全部ばらばらで、熱を通すと組織内に化学変化が起きてしまう。そこがいちばんの見分け方のポイント。ただし今の野菜の流通現場では、とにかく甘い野菜イコール良い野菜です」

ことほど左様に、私たちの食環境は、本来日本にはなかった、二者択一を迫る世界の中にあるようにみえる。食費を安く抑えたければ、スーパーに並ぶ量産型の野菜を口にし、安全で養分の多い旬の味を望めば、多少高くとも個人農家産を選ぶ。シェフの中にも事実、夜のディナーは真っ当な有機食材を選ぶのに、ランチなら中国野菜で構わないと二枚舌を使う者がいる。そこに文明の歪みを見る。価格やラベルといった二者択一の壁を取り払い、誰でも自由に安心な農産物を選べる土俵を用意すれば流れは変わる。ＪＡＳ法であろうと何だろうと、なすべき努力はただ一つ。消費者が流行に左右されず、自ら野菜の選択眼を楽しく磨くこと。内田さんの営みも、そこをめざす伴走者の道すがらにほかならない。［２００９、早春］

出張・築地御厨

やさい塾

「茎とヘタに、育った履歴が表れるんです」と八百屋歴27年の内田悟さん。おいしい野菜の見分け方を教わった。

『世のなか、食のなか』編

▶ ジャガイモ
なるべく芽の数が多いものを選ぶ（芽の数が多いほど栄養分をタップリ含んでいる）。

◀ ホウレンソウ
葉脈は左右均等にバランス良く広がっているか（キャベツ、レタスなど葉菜類に共通）。地表の茎の根元部分が、しっかり太くなっているか（ダイコンなど、茎のある野菜に共通）。

▲ キャベツ
外側の葉が内部の葉を守るように、しっかりと巻き込んで結球しているか。茎の部分に鬆《す》がなく、その直径も10円玉大くらいの小ぶりなものが一番いい。

▼ ブロッコリー
花蕾全体が薄く白い膜を張ったような淡い緑色をしているか（ホウレンソウなどに共通）。脇芽が多く、いずれ花蕾がつくガクの部分が、硬くしっかりとしているか。

▲ 玉ネギ
茎が硬く引き締まり、指で押したときにもしっかりとした張り感があるもの。外側を包む表皮はぴったりと貼りついた状態のものが良い（皮の色は関係ない）。

▼ ニンジン
真上から見て芯が中心を走り、茎が放射状に生えているか。根全体に微細なひげ根が多く生えているものを選ぶ（ダイコン、カブなどに共通）。

◀ ダイコン
なで肩でなく、盛り上がった肩が茎をしっかり支えているか。垂直に立てて、茎と根を結ぶ線が真下に伸びているか（ニンジン、カブなどに共通）。

取材ノートから

「大」・「甘」・「早」ならよいのか？

「最近の有機野菜には危機感を抱いています」と、内田悟さんが電話の向こうできっぱりと言う。味も不自然だし傷むのが早い。有機農法の現場やルールが、乱れてきているのではと疑っている。「とりわけ家畜糞がベースの堆肥で育つ野菜には問題が多い」と。実際、堆肥づくりを理論的に教えられるクールな農業指導者も少なければ、積み上げられた経験を互いに共有できる仕組みや場も限られている。有機栽培に切り替えて日の浅い農家が、堆肥をやたらと畑にすきこみすぎて、畑土が荒れてしまう話はよく聞く。

本当の話、植物の生命力は肥料の力ではなく土の力で培われるのだ。けれど高配合飼料で育つ今どきの家畜たちは、体に取り込まれない余分なチッソ成分を糞にたくさん排出する。その糞が雨に流されて川も汚す。大量のそれを発酵させて堆肥をつくり、畑に混ぜればやがて硝酸態チッソだらけの悪い土になる。しかも悪い事に、JAS法改正が行われた後に有機認証の基準が緩み、使用可能な農薬類が増えたのだ。かくして名ばかりの有機農産物を蔓延させ、野菜もチッソ過多で腐りやすいという悪循環を抱えこむ。そんなものを人が食べても、からだに良い訳がない。内田さんいわく、「慣行栽培の農家にも、ものすごい努力を払って減農薬と真剣に取組むまじめな人たちがいる」という。

また「大きくなるもの」「甘くなるもの」「生長の早いもの」という、昨今の作物像に農家は皆引きずられ過ぎでないかと厳しく指摘する。この「大」・「甘」・「早」幻想に目を奪われていると、畑で起こるリアルな病害虫や異変を目撃しても、なぜ起きるか因果関係を掴むのは難しい。それで植物の生命力の源が何かもぼやける。

内田さんはやさい塾を通して、「ただ甘ければいいの？」「緑が濃ければ本当にいいの？」と、味と姿に過剰さを追い求めがちな風潮に疑問をなげかける。健康でより自然な味の野菜が食卓にきちんと届く日が来るまでの水先案内人として。

異色スーパーの補助線

スーパーマーケットは全国に大小1万2千軒以上あります。その中で、値引き競争や拡大路線に背を向けて商と農と客との共生をもくろむコミュニティー重視の店があります。東京・羽村市の『福島屋』はその一つ。無個性な普及品を避けながら自社ブランドをこつこつ増やす個人経営者の品揃えの流儀に小売店の向かうべき姿を重ねます。

——いつでもどこでも同じものが買える。

そんな自販機的な便利さが、日本にもたらされてからどれくらい経つだろう。食生活の裾野をおし広げる立役者として、スーパーマーケットが長年果たしてきた役割は大きい。そこに並ぶ品目は平均6千アイテム。広い店だと優に1万アイテムを超す。セルフサービスで一度に何でも揃う買い物方式の魅力は、右肩上がりの経済成長期に店舗をまっしぐらに増やす源だった。やがて系列化が進むに従い、立地のいい所に出店を競い、効率化を求めて売り場や品揃えの平準化につとめる。食品雑貨類を横並びにすれば、安く大量に仕入れられるからだ。こうして、競合店との安売り合戦にうち勝つための足場を固めていったのだ。

しかし同時にそれは、個性的な店づくりを阻む諸刃の剣。昔は楽しかったスーパーでの買い物が、近頃では「どこも品揃えが同じでつまらない」という声もちらほら聞く。誰でも知っている普及品の味や印象は、いつも同じで新味に乏しい。それは地方の中心都市駅の建物と駅前広場がどこもそっくりで、味気ない旅の失望感と似ていなくもない。小売店に少しは珍しい顔が加わらないと、やはり買い物の多様性も生まれにくい。旅先で市場や朝市をひやかすように地場の味を発見し、食文化の多彩さをそこで満喫するのは難しい注文なのだろうか。

試食会というハードル

こうした風潮に逆らうかのように独自の視点で、早くからプライベートブランド（以下ＰＢ）づくりに励む、気骨の個人系スーパーが評判を呼ぶ。東京・立川からＪＲ青梅線に揺られて20分ほどの羽村駅。そこから徒歩５分のところに店を構える福島屋である。品揃えの分け目ともいえる、毎週火曜の社内試食会に立ち会わせてもらった。昼休みに集ったのは各売り場の主任と製造担当者など14名。そこに社長の福島徹《ふくしまとおる》さん（58歳）も加わり、テーブルにずらりと並ぶ総菜候補や業者が持ちこむサンプルを前に、食材の素性と物語をまず担当者から聞く。そしていよいよ味見。まずは社長が見映えを確かめると鼻を近づけて匂いをかぐ。「この鯛飯、味は良いけどちょっと生臭い」と早速保留に。次に箸をつけたのが総菜のゴーヤチャンプル。「これ、具の豚肉が多すぎ。これだとゴーヤ炒めかなんだか分からない」と手厳しい。さらにはリンゴの切り方や生地の厚みを変えた自家製アップルパイを食べ比べる。なるほど切り方ひとつで食感までかなり違う。

プラ容器に入った生ネタ寿司は発売寸前。冷凍魚を使わない新企画の持ち帰り寿司だ。原価と売価を紙片にそれぞれ記し、顧客満足度を思い浮かべながら判定をくだす。むかしは、参加者全員が点数をつける得点方式だった。でも今は口に入れた瞬間の食感を、ざっくばらんに語り合うほうが選びも確かだという。結局、合格品は半数の15品目でハードルは思いのほか高い。回を重ねるごとに日本の畑や海や山の情報、産地と流通現場の盲点が浮き彫りにされるのは、明らかだ。一見楽しそうな試食会。けれども広さの限られた個人系スーパーには、味覚を共有し合い、経営の命運を握る五感の正念場だとあらためて気づく。

「大手スーパーさんは日本の食生活向上に大きく貢献しました。でも規模が大きすぎて大型農業的なやり方になり、地域にふさわしい細やかな品揃えや商品開発が、難しくなっているのでしょうね」と分析する福島さん。最後に全員で試食したのは意外にも、電気釜に入った炊きたて白米3種。

「夏に向けてお米の食味がどうしても落ちるので、品種の異なる米をブレンドし、うま味のてこ入れです。そのための組み合わせを決めている」と日焼け顔が微笑む。

品揃えこそ店の顔

福島さんは両親の営んでいたよろず屋を20歳そこそこで引きついだ。間もなく、野菜を中心に酒や肉や魚まで商うようになり、食料品店の体裁が整う。好景

1

1——鮮魚部に届いた小田原産釜揚げシラスもさっそく全員で味見して食べ方を検討する。
2——週一度の社内試食会で、自ら手がけた総菜の試食に、担当者は真剣に耳を傾ける。試食も30種を超すと、修行めいた空気が漂いだす。

気の1980年代、野菜に軸足をおいて食品スーパー化を果たすも売り場面積は57坪足らず。小粒の個人スーパーながら、店内にベーカリー部や、漬け物づくり16年というスタッフまで抱えて工房化を図り、自分の舌で安全性と美味しさを独自に模索してきた。その甲斐あって20年間で数十種類に及ぶPBの開発に成功。それを導いたのは生産地を訪ね歩く腰の軽さにあるといえよう。

初めて手がけたPBは醤油。偶然、隣の市で農家の余技みたいに営まれてきた零細の優良醤油メーカーを発見。そこの杉桶仕込みの良品を、自社向けにアレンジした。毎日使う食材は、できる限り添加物を排除する覚悟でリスク軽減に励む。だが個人スーパー1軒のために、製造ラインを空けてくれるメーカーは少ない。実現化の道は険しい。挙句にPBを売り場に置いたからといって、すぐさま売れるわけではない。

「従業員ですら、ナショナルブランドと呼ばれる認知度の高い一流メーカー品を、棚の目立つ所に置きたがる。お客様に売りやすく利潤にも反映させやすいからです」

このPBがなぜ優れて美味いのか。そこをスタッフがともかく納得しないことには、食卓にも届かず、定着までもたつく。それでも、福島屋では扱う6千品目を常に改廃しながら理想を追う。並々ならない熱意で商品を揃えるのも、体に悪くない食材だけを扱うという、グルメとも別なプロの矜持《きょうじ》と食への信念があるからだ。

ただ1軒の店に買い物を依存しすぎると、客は当然ながらリスクを負う。その店が社会的使命を果たし、食を預かる責任に目覚めていれば差しつかえない。逆にもし安全性に無頓着なまま安直な品揃えに走れば、1軒に連日通う顧客のリスクは予想外に膨らむ。実際、普段の食卓を支える9割近い食材を、1軒のスーパーだけで揃える常連客は案外多い。すでに報道された通り、食品添加物を多く含んだり、産地を偽装した食品は、気づかないうちに大手の流通経路にも紛れこむことがある。それだけに各スーパーが果たすべき責務は重い。

総和としての美味しさ

スーパー業界の景気が低迷するなか、食品偽装の事実が世間を騒がせるたび、福島さんの店は売上げを着実に伸ばしてきた。なかには20キロメートル先から通う常連さんもいる。社会的使命をはっきり自覚する店の存在感が届いたとみてよい。そもそも業界の常識というべき新聞折込みのチラシ広告も、とうの昔に止めてしまっていた。毎週のように繰り返す安売りセールに、ある日、疑問を抱いたのである。客寄せ商品はありきたりな卵や牛乳などで代わり映えしない。ましてお客にも魅力の乏しい食材は、生産者にも小売店にも利が薄く、誰かが泣く。それにチラシの印刷代や折込み料だって、毎回、相当な出費である。

ならばその経費で少しでも安全なより美味しいPBの食品をこしらえ、適正価格で売る方が店もお客も幸せなのではないか。そう考え、自分の足で地方の生産者を訪ねる旅をはじめた。毎週末、愛車のスポーツカーで千キロメートル以上走り、各地に埋もれる農産物や名産を探す。最初は経営面の打算から、直接取引をしてくれる米農家を山形まで探しに出かけた。けれど地方行脚を重ねるうちに農家の厳しさや、丹精こめてつくった作物の売り先が見つからずに、お手上げ状態の苦境にあることに気づく。そして農家に何度も通いながら世話を焼き、農と商と客を橋渡しする対等なコミュニケーションの下地が生まれはじめた。

「青森のある大根農家では、年に5万本収穫するうちの2万本は、味はいいのに形が悪いからと市場でも扱われず、処分していました。それを切り干しに量産化できるように費用を工面し、設備を整えたら、飛ぶように売れはじめて定番化しました」

フェア・トレードの光明

商いの補助線とでも呼ぶべき、そうした工夫と販路をほんの少し整えると、都会から遥か遠くのつましい農家に光がさしはじめる。それを実感して以来、福島さんは直取引の輪をあちこちで広げている。篤農家は期待を裏切らないから、店側も決して買い叩かない。むしろ品質の良さの背景を、売り場で解説しながら、お客にも適価で買い求めてもらえるように努める。協働を目指すから、グルメ志向や高級化と一線を画す。豪華な食材でなくても、毎日飽きずに楽しく食卓と向き合えたらいい。例えば、テーブルに花や箸置きを置くだけで、食卓の空気が変わるように、食卓を多元的に整える手伝いができたら、食や子どもの心も変わるはずだ、と真剣に語る。

安全で美味しい食材探しの道すがら、6年前から無農薬無肥料の自然栽培に挑む、関野幸生《せきのゆきお》さんとの交流も生まれた。埼玉県富士見市にあるその畑と羽村は、直線距離でおよそ25キロメートル。野菜がそこでどのように育つか、社長自らが畑に確かめにいく。自然栽培という響きに、土も耕さず植えっぱなしにしたずぼらな印象を抱く方も多いが、そうではない。春先に燕麦《えんばく》を植えて、土中の余分な肥料（肥毒）を吸い取らせてから、刈り取り処分。その後は作物の収量が従来の8割程になるが、チッソ分

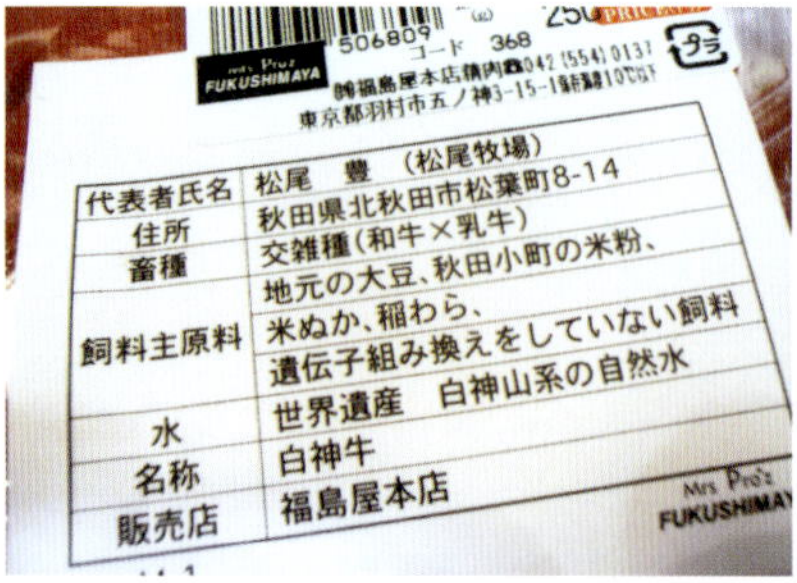

2

3

1

を抑えた葉物類は傷みにくく、味も野菜本来の野性味を帯びる。福島さんは濃密なその味に惚れこんで早速、売り場に関野コーナーを用意。真黒《しんくろ》茄子《なす》や万願寺《まんがんじ》唐辛子、相模《さがみ》半白《はんじろ》胡瓜《きゅうり》に黒田五寸人参と、耳慣れない伝統野菜が折々登場する。ただし露地栽培物は、毎日出荷できるわけではない。それでも誰かが買わなければ、やがて消えてしまう野菜たちをそれに見合う高値で買い取る。そこにはフェアに取引できる先鋭的な農家を、店側も応援しながら都市近郊にもっと増やしたいという悲願がある。店づくりや品揃えの多様性を確保するには、生物や作物の多様性が欠かせないという両者の間柄に正直びっくりしてしまう。

誰もが泣かない流通づくり

ほどよい広さの店内には、自分の足で見つけた地元系農家の生鮮作物を売る棚に、地方農家のお年寄りが野山で集めた山菜類、農協経由の売れ筋野菜類が

4

1――袋詰めをお客に任せることで、野菜類の目利きを促す工夫をしている。肉類は、月1回販売するイベリコ豚以外は、鶏も豚も牛も国産肉しか扱わない徹底ぶり。決して安くはないけれど、その誠実な仕事ぶりで混み合う福島屋本店。
2――福島屋では、詳細に飼育環境を伝える独自の表示法を採用。
3――PB商品を4分の1ほど混ぜるだけで、棚の面白味がぐんと広がる。
4――無施肥無農薬栽培に挑む埼玉の関野農園を訪ねた福島さん。りんごを無農薬で栽培する青森の木村秋則さんなど、時間を作っては全国各地の篤農家を訪ねて対話を重ねる。

仲良く同居する。加工食品の棚に目を凝らすと、隅々までプロの目利きが感じられる多品目ぶりで、誰が見ても退屈しない。福島さんが強調する。

「それぞれに良さを見いだして揃えるのが私どもの使命。その日の事情に合わせて、何を選ぶかはお客様です。やはりこちらの価値観を無理に押しつけはしません」

リスク管理も店独自に行う。体内でアミノ酸と結合して発がん性物質に変わる作物の硝酸態チッソ分は、検出器まで用意して頻繁にチェックする。農林水産省の規制対象の項目にまだないが、EU圏の規制基準に合わせたルールを先取りした格好だ。

足場とする1店舗を納得のいくまで磨き上げるのに、経営者として多くの葛藤と試練を潜り抜けてきた。自分なりのスーパー観に大転換をもたらしたのは、2軒目を立川に出店した際の苦悩の日々だという。

「30代の頃に調子づいて、創業時の3倍近い売り場の2号店を出したら、つまずいた。毎日赤字続きで2店とも潰れそうな状況に陥ったんです。スーパーは仕入れに失敗すると、雪だるま式に1億、2億の赤字をすぐに抱えます。それで毎晩深夜まで、どうしたら売りにくい種類の野菜を喜んで買ってもらえるのかと、模索の日々でした。そんな棚づくりを検証するうち、ある日なにか魂が入るみたいに良い流れが湧いてきた」

保冷棚の野菜類は、今もレイアウトを始終変えて新しい発見を促す。当時の心持の変化が、良いものを「ただ売る」から、その良さを「いかに知ってもらうか」という感覚に目覚めさせた。生産者やお客とのコミュニケーションを無視した店はつまずく。だから農家にも自作の売り方は見てほしいと、地方の生産者を店によく招く。

安売りに縛られなくなると視野は広がる。その土地に見あう適地適作的な店づくりに取り組むと、顧客が喜んだ。実は京都や島根や群馬にも同類のスーパーがあるという。食とコミュニティーを取りもつ正しい打算に、追い風が吹きはじめている。［2009、夏］

取材ノートから

いつくしみの副産物

売れるとは、どういうことか？

福島徹さんの頭には開店以来、この問いがぎっしり詰まっている。価格訴求ではない売り場づくりと、折込みチラシも一切撒かない経営信念は、誰かのまねでは続かない。最近ようやく出口が見えかけている。「人はコミュニケーションがとれると、心を許し、物も売れる」という経験知だ。相手が心を許さない限り、物はなかなか売れないのだと。映画の中でフーテンの寅さんが、露店でお客の笑いを誘いながら物を売る姿を思い浮かべると、なるほど分かりやすい。けれどその先に生まれる問いが難しい。どうすれば商品の良さを伝えられるか？ 考え抜いた末、２年前から「教室」という現場づくりに挑んでいる。

例えば、折々の優れた食材を活かす料理教室を、地元で毎回１０００円ほどの会費で開く。また厳選した基本調味料だけを使うと、料理はどう違ってくるか。その実感を通して、その人なりの普段のからだを支える食の連携がリアルに整う。売り場でも同じ食材を扱う。教室そのものが目的ではないし、当初は人もほとんど来なかった。だが諦めずに回を重ねるうち、色々な世代が次第に集まりだす。人の心の奥には「集まりたい」「コミュニケーションをとりたい」という願望があると、そこで初めて気づいたという。さらに音楽や異文化やワインまで絡めた企画にしたところ、催しに対する期待感がぐんと高まり、体験と交流の教室スタイルが定着しだした。

東北の農家を巡っていた頃、野山に土筆《つくし》を見つけて地元のお年寄りに佃煮にしてもらい、それを買い取って売ったらお客にも作り手にも喜ばれた。福島さんには道すがら副産物を見つけ出す特異な才がある。「こだわり」という自分本位な執着ではなく、「いつくしみ」という柔らかな眼差しに支えられる才だ。そんな彼の日々の動きを追うＮＨＫ『プロフェショナル・仕事の流儀』が、２０１１年10月にテレビで放映されて偉才が知られるようになった。そして誠実な食づくりに励む生産者を支援する、コンサルティング業もいよいよ本格化した。めでたし。

ゴマ油の横顔

食材の味をひきたてる植物油は台所の隠れた名優です。オリーブオイル人気は、近年味覚のすそ野を大きく広げました。その一方で和食文化を支えるゴマが輸入15万トンで自給率1％未満という危うさをはらんでいます。古式の手仕事「玉締めしぼり」を守る小さな製油所でゴマの難題に迫ります。

江戸時代の天ぷらは、昔の錦絵などで見るとかなり色が濃い。キツネ色というよりは、薩摩揚げのようなこげ茶色に近い。おそらく製油技術が未熟で食用油の純度も低く、色と風味が素朴で濃厚だったからではないか。植物油が一般にいきわたるのは、農作物の収穫量がぐんと増えた江戸時代なかば。そのころ調理に用いられた油は、もっぱらゴマか菜種。ゴマの油含有率は50％以上で、その多さは江戸美人が髪の手入れに使った椿油や、果肉をしぼるオリーブの実と並ぶ。菜種になると成分はいくらか減って40％。かつて栽培が盛んだった綿花も25％の油を含む。そこで先人たちは椿やゴマなど、油の含有率が高くてしぼりやすい植物からまず手をつけた。それでも当時の値段は清酒の2倍と安くはない。油をいかに早く安く美味しくしぼるか。そこに焦点を当てて、搾油技術に磨きをかけた。

実はかつての日本の農村地帯には、必ずといってよいほど小さな製油屋があり、農家は収穫後に余分な種をそこへ持ちこんだ。小石やサヤを取り除くと、粗く砕いてすりつぶし、程よい湿気を与えてから、まん

べんなく圧力を加えて油をしぼった。ときには水車を動力に、何種類もの植物油をこしらえて副収入源とした。ところが国内でまかなえる植物油の原材料は、現在すべてかき集めても年間消費量の5％分に過ぎない。あとはそっくり外国産なのだ。

自給経済の江戸は遠い昔話で、植物油の原料にする作物輸入量は年間567万トン。さすがに物理的な方法だと間に合わず、ヘキサンという溶剤で油を溶かす化学的な抽出法を編みだした。

米から酒が生まれるように、植物油は野菜づくりのもたらす恵みと言えなくもない。オリーブオイルも古代エジプト壁画や聖書によく登場する。あれもすなわち中近東一帯の野生の木の実から、手軽に油がしぼられていた点を考えると納得がいく。

玉締めを守る最後の5軒

さても埼玉県内のJR武蔵野線の吉川《よしかわ》駅でタクシーを拾い、広い田んぼの中の抜け道を進むこと7、8分。倉庫街の一角に『松本製油』を見つけた。作業場に足を踏み入れた途端、香ばしいゴマの匂いに包まれ、大正時代の物づくりの現場に迷い込んだようで心が和む。朝10時からちょうど二度目の油しぼりの作業に入ったところだった。床には鋳物を組みあげた年代物の玉締め装置が、頼もしくもずらりと13台並ぶ。

バルブを開くと床下から油圧ピストンが気づかないほどゆっくりと台を押し上げ、焙煎済みのゴマが詰まったマットを鉄玉で1時間かけてしごく。至って静かな世界だけに、うっかり見過ごすと油がしぼられている事さえ気づかない。やがて鉄輪を3段重ねた間から、岩清水のようにゆるやかに黄色みがかったゴマ油がしみ出し、時にはほとばしるように、丸く刻んだ溝に集まり、ひとつの流れとなって床の隙間に吸い込まれていく。一番若い装置で昭和24年製。新品はもう造られておらず、万が一壊れたときの備えに、苦心して集めた予備の5台が倉庫に眠る。

午前中に焙煎と搾油が二度ずつ行われ、午後にもそれを二度繰り返すと日が沈む。

「このしぼり方の一番の良さは、摩擦熱が一切加わらないので、ゴマが常温のままで、酸化もしにくく甘さと香りが油の中に残ることです」と解説したのは、同社顧問を務める寺崎章《てらさきあきら》さん。

毎日操り返される工程をさらりといえば、精選（雑物取り）→焙煎（香りづけ）→圧偏（すりつぶし）→蒸煮（一瞬蒸らして加湿）→搾油（1時間強）→濾過（丸1日）と明快である。温度管理なども含めてコンピューター類は何ひとつ使われていない。夏場は40分にも及ぶ焙煎の熱で構内が40度にも達するという。それだけに五感をたよりに日々の変化を読み、観察眼をつねに磨き続ける、物づくりの基本形がここにある。それらを細かくコントロールするスタッフは、社長の松本憲治《まつもとけんじ》さんと奥方の啓子《けいこ》さん、それに経験18年の大ベテラン王徳彰《おうとくしょう》さんと勤務4年の久保昌義《くぼまさよし》さんの計4名。寺崎さんは言う。

「13台を1日フル稼働させると、約1トンのゴマから390キログラムの油が採れます。けれどいつもフル稼働だと急な注文にも応じられず、取引先に迷惑をかけてしまう。だから普段はなるべく10台で、道具を労《いたわ》りながら油をしぼるのです」

油は売るけれど決して脂ぎらない。食卓の絶滅危惧種とでも呼ぶべき玉締めを守る最後の5軒。そこに残った仕事人の、良識と心配りに感心するのは、私1人ではあるまい。創業は昭和23年。先代は東京の虎ノ門界隈で書店を営む健啖家《けんたんか》だった。ある日、親しい老舗天ぷら屋の親爺の嘆きを耳にして心がぐらりと動く。

「これからは前みたいな、風味豊かな天ぷらなんざ、もう出せそうにない」

その不安は的中して、戦後まもなく各地の製油屋は次々と看板を降ろす。玉締めならではの、琥珀色をした風味豊かなゴマ油はたちまち確保が難しくなった。どこまでも手作業なうえに、油の自然濾過が済むまで一昼夜待たないといけない。ましてゴマの生産高も限られて割に合わず、廃業に追い込まれた。それでも先代は天ぷら屋の主人に導かれて、中古のしぼり機を買い集め、素人の見よう見まねで愚直なまでに製油業への転身を図ったのだった。

焙煎したゴマを機械で擂り、天候に合わせて30秒前後蒸らす。20キログラムのゴマを京都のかつら屋製木綿マットに押し込み、鉄玉でいよいよ玉締め。昔は女性の黒髪で、マットを編んだというから物語は深い。

町の手仕事

やがて技を身につけると江東区福住町《ふくずみちょう》に工場も構え、ゴマ油ができると一斗缶を自転車の荷台に積み、銀座界隈の天ぷら屋まで納品して回った。退潮する業界に一石を投じたかったのだ。マンションに囲まれて工場は移転を余儀なくされたものの、日用品としてのゴマ油づくりを当たり前に重ねる、その玉締めの流儀は今も変わらない。

ところが昭和40年代のある日、原料の国産ゴマは入荷がぱたりと止む。高度成長期にあっては手間ひまかけて育てても収量と採算性が低く、農家でゴマ離れが一気に進んだのだ。にもかかわらず、松本製油のような伝統的な搾油業者が全国に5軒だけ残ったのは、そこで営まれる確かな手仕事の味が、他のやり方ではどうにも真似できなかったからに他ならない。それを求めたのは、やはり一流の仕事を心がける天ぷら屋や料亭だった。

けれど言わずもがな、すべての料理人が高級品を

玉締め機は60年以上前のもの。摩擦熱を嫌う油は1時間かけてじっくりしぼるので、とてもさらさらとして、香りも高い。

求めているわけではない。大量生産品もないと困るのだ。しかし、玉締めの味を一番伝えたいのは、一般家庭なのだと寺崎さんは説く。

「どんなに良いものも、なるべく一般の方に食べて使ってもらわないと、分母が増えないし、いつか消えてしまいます」

時代が豊かであろうと貧しかろうと、本物の味を残せる場は、プロのお店より家庭料理の中にあると信じているのだ。直売こそやらないけれど、良心的なスーパーや老舗の油専門店には積極的に卸すよう心がけてきた。江戸に生まれた町の手仕事の品は、時代が移ってもやはり町の中に広く還したいし、その結果を見届けるのは楽しい。

そもそも、玉締めの原始的な仕組みは、江戸末期から明治にかけて広まった搾油法だった。すりつぶした種子を、油圧や水圧を使い丸石や鉄の玉でじわじわと押しつぶしてしぼる単純な仕組みだ。同じ道具で椿油がしぼれるのも、やはり油の含有量の多さに負うところが大きい。南ヨーロッパのオリーブオイルも、ほぼこれに近い製法でつくり続けられているという。

そんな玉締めの原型は2本の柱の間に臼を固定し、そこへ太い角材を渡す「立木式《たちきしき》」。左右から交互に体重をかけて2人がかりですき間に楔《くさび》をうつ、シーソーのようなの原理に基づく江戸時代の知恵であった。ましてゴマは奈良時代から重要な作物として、過剰なほどその栄養価の高さが謳われていた。それでいて灯明にも使われた不思議。

移動するゴマ産地

ゴマの収穫法は、なるほど難しい。5月に種をまくと秋には四角い茎が1メートル以上に伸びて、秋の終わりに実が熟す。だが熟す端からサヤが裂けて中の種が飛び散る。だから熟す寸前に刈りいれ、乾燥させてから種を叩き落とす。言葉では簡単そうに聞こえても、機械収穫するとなるとなお厄介になる。ゴマは枝の低い方から上に向かって花を順々に咲かす。つまり下側のゴマの種が熟す頃、上側は未熟の状態なのだ。丸ごと機械収穫をしようとすれば、熟した下の種が弾けて散乱し、上側の種は未熟のまま刈り入れてしまう。機械化のお蔭で大豆が大規模栽培されるのに、ゴマだけは人手をくう作物のままだ。省力化がお手上げなら、賃金の低い国に産地を移すほかない。経済躍進の目ざましい中国は、国内消費も増えた2004年を境に、ゴマの最大輸出国から輸入国に豹変した。

日本の食卓にのぼるゴマの多くは現在、政情の不安定なアフリカ圏か、商社の肝いりで契約栽培に取り組む南米から届く。松本製油の原料も例外ではなく、主にパラグアイ産だ。さらに触れると、日本はこの10年間に52カ国からゴマをかき集めた。結局、ゴマ栽培は一部の例外を除くと経済原理で、開発途上国にゆだねるしかなくなってしまったのだ。遠隔地の栽培には当然、商品として不安が伴う。玉締めに限らず各オイルメーカーも、原材料集めにやきもきしつつ、品質にも慎重にならざるを得ない。

広く一般に出まわるゴマ油には、スクリュープレスと呼ばれる連続式圧搾法が採用されている。太めのステンレスパイプの中に通した、細長いスクリュー状の攪拌《かくはん》軸を回転させて、そこへ原材料を流しこむ。するとパイプが途中から細くなり、そこでゴマがミンチ状に圧搾されて油がこぼれ落ちる。工業的なこの流れ作業は大手メーカーの独壇場となり、それが主流を占めて玉締めは希少品になった。ただし大量のゴマを短時間で処理するため、こちらは玉締めの5倍以上の圧力（1平方センチメートルあたり約1トン）がかかり、摩擦熱も発生して焦げも出るから、油の色が濃くなり変質しやすい。そこでさらに脱色工程も加わってしまう。

一般的に天ぷら用の油も180度を超すと、煙を出して傷みもそれだけ早まる。けれど時代とともに精製法が進むとさらさらになり、いまや発煙点も230度までアップした。それにつれて天ぷらの味も変わったという。ゴマ油で揚げた戦前の江戸前天ぷらの、格別な美味しさが忘れられない、という食通談義を前に読んだことがある。大手食用油メーカーが進出するまで、人力的な圧力でじっくりと時間をかけた搾油が、各地で当たり前に営まれていたのである。

素朴と安全はむつかしい

濾過の話にも触れたい。煎ったゴマの油は黄褐色だが、プレスフィルターに一度潜らせ、さらに手漉き和紙の筒で濾すと、見た目も美しい琥珀色の油に落ち着く。同じ白ゴマを、煎らずに常温で圧搾するとさらに淡い黄色の油が採れて、これを太白油《たいはくゆ》と呼ぶ。松本製油では1トンのゴマをしぼると、390キログラムのゴマ油のほかに、610キログラムのしぼり糟が出る。つまり搾油の歩留まりは39％。しぼり糟は放置

マットから抜いたしぼり糟は、すぐ砕かないと縄文土器のようになる。

2

1——しぼり出された油は、まずプレスフィルターを通し、最後は目の細かい手漉き和紙で終日濾過する。楮紙を米粉糊で筒にした濾過袋が、エクストラバージンオイルを生む。玉締めしぼりのゴマ油は、完成まで丸3日かかる。
2——玉締めの原型、立木式搾油の絵を、ラベルで紹介する念の入れように自信が滲む。

1

すると、残留物の働きでカチカチに固まる。そこで搾油が終わり次第、マットに残った糟を外してハンマーで小さく砕く。それを飼料業者がそっくり買い取り、養鶏用のエサに加えて売り出す。松本製油からは、ゴミらしきものが何も出ない。

目の届く範囲で育ったものを食べていく。それが地産地食のカギなら、産地を海外に頼る植物油のような1次加工品はどうすれば本物に近づけるのか。せめて古式の搾油プロセスを残し、植物油が本来そなえる自然のうま味を伝え続けるしかないようにも思う。その工程がこの世から一旦消えると、復活が容易でないのは誰でも知っている。町の手仕事をグルメ目線で捉えるのでなく、昨日まで当たり前にあった食文化としてあらためて記憶に刻む。続々と登場してくる、新しい加工食品の海を無事に泳ぐには、伝統的手法から学ぶ食の安全性が、心強い味方になるにちがいない。［2010、早春］

取材ノートから

希望の星・カメリア

　中国から伝わった外来植物のゴマは、奈良時代から日本にはやばやと定着した。かたや同じ植物油でも椿は「カメリア・ジャポニカ」という学名の通り、日本原産である。香りが淡くべとつかないので髪油として重宝がられ、石油が登場するまで潤滑油や灯明にも盛んに用いられた。オリーブ油と同じく樹木系の植物油なので栽培は土地柄を選ぶ。江戸の頃から植林に励んだ温暖な伊豆の利島《としま》は現在、年間15キロリットルと生産日本一を誇る。長崎の五島列島がそれに続くが、生育が遅い椿は丹念に実を拾い、黒いタネを砕いて搾らねばならず、手間ひまのかかる稀少油の類だ。国内では年間50キロリットルしか確保できず、ゴマ油のように日本中の食卓にはさすがに並ばない。

　ところが東日本大震災後、そんな希少性に目をつけ、地域復興をはかる高級食用油としてユニークな搾油事業への取り組みが始まった。岩手県陸前高田市広田町に２０１２年秋に完成した『椿のみち製油所』である。気仙沼から大船渡にかけた海岸線一帯の家の庭先には、昔から防風と防潮と副業のために椿が植えられた。とりわけ温暖な広田に住む農家や漁師たちには自家製椿油をこしらえる風習があった。しかし今回の大津波で椿林も塩害に樹勢が衰え、地元にただ1軒あった『石川製油所』も主人が亡くなり廃業した。それでも椿油たっぷりの郷土食けんちん汁の味を懐かしむ人々は多い。そこで被災後に様々なボランティア活動を進めていた横浜のフェアトレード企業『ネパリ・バザーロ』が中心になり、椿油を全国に向け商品化に挑むことに。搾油法も分からぬまま、各地の椿油産地を訪ねては助言をあおぎ、わずか数カ月で加熱しない生搾りを実現化。肝心の実は当面、利島の生産組合に提供してもらい、広田の女性たちの働き口として、椿の苗を植えながら20年視野の地場産業創成の第1歩を踏み出した。

　人口の約10分の1の方々が津波の犠牲になった陸前高田。広田の椿《カメリア》が地域を束ねる星となる日が来るまで、大勢の方々に定期的な購入をお願いしたい。詳しくはネパリ・バザーロのHPをご覧あれ。

H.VERDA ネパリ・バザーロ
http://nbazaro.org/wordpress/

お豆腐屋さんの戦い

お豆腐屋さんのある横丁は朝から生き生きしています。日本では毎年50万トンもの大豆が豆腐に姿を変え、愛されています。井戸水で故郷の豆をふやかし、臼で潰して釜で煮て搾られた夜明けの豆乳は格別な美味さです。地元農家と二人三脚で原料の自給に挑む名店を埼玉県に訪ねてみました。

豆腐の食文化は四季折々の顔を持つ。暑い夏は冷奴で寒い冬には湯豆腐と、日本の暮らしに欠かせない万能食材だ。ラッパの音に誘われて買いに走り、つくりたてを味わえた子どもの頃が懐かしい。１９６０年代には優に4万軒をこす製造直売所の職人が、深夜からこつこつ働いていた。原料も煮豆用として代々愛されてきた国産大豆の在来種でまかなえ、風味豊かだった。

　いまも町一番の早起き鳥に変わりはない。けれど店は激減して、味も昔とどこか違う。豆腐屋の行方を変えたのはチェーンスーパーの隆盛だった。日持ちしない食品を、平気で千丁2千丁とまとめ買いする取引相手の登場は、売り切れご免の商人哲学を大いに戸惑わせた。行商や直売を見限った店は、卸売り一筋に励みだす。そんな寄らば大樹のスーパー依存派を、こんどは買い叩きの波が容赦なく飲みこむ。

　限りない省力化で、日に何万丁という数を量販店に安く卸す量産工場と、小売りに励む横丁の小さな豆腐屋。みごとに業界は二分されてしまうが、量産工場では売るほどに卸値を値切られる。そこをスーパー同士のさらなる価格競争が襲い、苦境に追い込まれた者も多かった。良心的職人魂を持つ店も自分で売る力を持たない限りは、スーパー傘下の安い豆腐づくりの流れから抜け出せない、厳しい現実がある。店先で笑顔をふりまく和みと、商店街に活気をかもす「お豆腐屋さんの喜び」は、どこに消えてしまったのだろうか。

素性を洗い尽くす

埼玉県比企《ひき》郡ときがわ町は、カワセミの舞う清流に恵まれた、森と丘と星空がきれいな農村地帯だ。JR明覚《みょうかく》駅から東に歩くと広い駐車場に大看板を掲げる、『とうふ工房わたなべ』の立派な店構えが姿を現す。

ご主人は渡邉一美《かずみ》さん（57歳）で、豆腐屋2代目だ。人口およそ1万3千人の町に、豆腐屋はここの他にあと1軒のみ。土日ともなると遠来の車を入口で警備員がさばき、店先はお目あての豆腐や揚げ類、それに朝採り有機野菜を求める客でごったがえす。なにしろ50キロメートルも離れた所から、わざわざ足を運ぶご常連がいる。なかでも人気は隣町の霜里《しもさと》農場で丹精に育てた、有機大豆を主原料にした豆乳や豆腐。食卓のご馳走が1丁280円で揃えば誰でも喜ぶ。

「下里《しもざと》地区が昨秋、農林水産祭で埼玉では数十年ぶりに天皇杯をもらったんです」と興奮を隠せない渡邉さん。天皇杯はずば抜けた栽培技術や地域向上に力を尽くした農民を讃える栄誉だ。その立役者である霜里農場の金子美登《よしのり》さんは、地域ぐるみで40年前から農業の自立を図ってきた。粘り強く説得して歩き、集落の農家を1軒残らず無農薬に変えた努力がついに実ったのだ。まして渡邉さんは金子さんと10年前から三つの約束で、豆腐づくりの醍醐味を互いに味わっているだけに喜びもひとしおだ。

採れた有機大豆は必ず〈全量〉を〈現金〉で買い上げ、〈翌年も農家がつくりたくなる額〉で取引すると決めたのだ。減反の休耕田でお米の替わりに完全

1――国産大豆は高タンパク低脂肪が持ち味。毎日3百キログラム以上をよく洗い、冬は岩盤水に20時間弱漬けてから釜で煮る。
2,3 ―― 朝5時。工房では天然にがりで固めた木綿豆腐を水槽で型を抜き、冷やしながら優しくパック詰めする。

2

1

無農薬で育てるのは、地元に昔から伝わる在来種の「おがわ青山在来」。でもごく普通の国産大豆でこしらえる、1丁200円以下の豆腐にも手を抜かず、誰でも毎日買える価格帯を貫く。ふだん一般家庭に欠かせない、安心して体を養う基本食材の要だからだ。

渡邉さんは近年、素性のわかる食品づくりを心がけてきた。特に大事にするのが豆と水と熟練技。そこへ互いに顔が見える商いの流儀を重ねていく。例えば地元の水道水に他県の利根川水系が混ざるようになると、独自に水源を求めた。記憶を頼りに、昔に酒造があった所をボーリング調査し、井戸を新しく3本確保。ついで工房も移した。通年15度の水温を保つ岩盤水が豆腐の味を安定させてくれる。工房の一部をガラス張りにして、お客にも工程のすべてを見せる。国産大豆の搾り滓《かす》である上質なおからは、欲しい人に無料でふるまう。極めつけは、油揚げを機械式から手揚げに戻したことだろう。するとひと頃、量販店に隷属しかけた家業にプライドと客足が蘇った。

紆余曲折とジレンマ

「できれば継ぎたくなかった」という渡邉さんが家業を手伝いだしたのは、大学院で会計学に没頭していた20代半ばである。戦後の貧しい混乱期、父の正一《しょういち》さんは持ち前のハングリー精神でコンニャク屋から身を起こす。やがて見様見まねで豆腐づくりに挑む。午前中に豆腐をこしらえ終えると道具を洗い清め、午後から本業のコンニャク製造に打ち込んだ。止めどない忙しさの最中、母のちよさんが胃がんに倒れた。渡邉さんは、その姿に覚悟を決めて店を継ぐ。

80年代といえばスーパー華やかなりし頃で、豆腐業界は主従の逆転に揺れた。希望に燃える若い2代目も時流に乗って売上げ拡大をめざす。さっそく設備を揃えて新しい卸先を開拓。それから丸10年、スーパーの意向を汲んで邁進するも、流通の生存競争はいよいよ激化。安売り合戦に豆腐屋の良心と夢は打ち砕かれた。2代目は当時の葛藤と目に余る舞台裏をこう明かす。

「豆腐というのは凝固剤で保水力さえ与えれば少ない大豆でもかなりの量が作れます。もっと安い豆腐を作れとスーパーに言われたら、そうやって風味や品質を仕方なく落とすしかない。それが嫌なら勇気をだしてスーパーから離れないといけません」

1俵60キログラムの大豆から、1丁3百グラムの豆腐が平均6百丁ほどつくれる。これを7百丁まで増やすと、風味は落ちて固まりにくくなる。つまり保水力が弱い天然にがりでは間に合わなくなり、他の凝固剤が必要となる。逆に天然にがりで上等の木綿豆腐をこしらえると、450丁ほどしかつくれない。歩留まり・出来高は、豆乳の固め方一つで大きく変わるのだ。

現在、豆腐づくりを支える主な凝固剤はにがりの他に3種。硫酸カルシウムと塩化カルシウムとグルコノデルタラクトン（GDL）。トウモロコシの澱粉が原料であるGDLで固めた製品を、業界ではグルコン豆腐と呼ぶ。加熱しても崩れにくく、湯豆腐や麻婆豆腐の食材によく用いられる。これに対して天然にがりは凝固反応が早く進み、絹ごしみたいにつるりと柔らかい製品はつくりづらい。そこで薬品メーカーは凝固剤の開発にしのぎを削る。さすがに食品加工は日進月歩で、世間には頑固一徹な豆腐屋ばかりでない。用途や味覚の変化に応じてそれぞれが自由に我が道を選ぶ。

「今は生で食べ比べて甘みを評価する時代で、にがりも凝固剤もそれぞれ作用が異なる。天然にがり自体は苦いのに、豆乳と反応すると甘みを出します。硫酸カルシウムは無味無臭ですが使うと苦みがあり、甘みは出ません。またGDLには酸味がある。だから安い絹ごし豆腐などを口の中に含んでいると酸っぱい味がしてきます。そんなときに容器の表示は、やっぱりGDLと記されています」と現代豆腐像を説く。

ただ、京都を中心とする関西圏だと、大豆フクユタカで豆乳を搾り、それを固めるのに硫酸カルシウムを使う老舗が多い。戦時中、戦闘機用のジュラルミンをつくるのに、塩化マグネシウムを含むにがりは軍需用に供出された。困り果てた豆腐業界に国がそのとき代用品で与えた名残だ。けれど歩留まりが前より良く、たくさんつくれたので定着した。薬味で湯豆腐を楽しむ京風の食文化には、むしろそちらの方が豆乳の味が前面に出て相性が良かったという。

地元とつながる覚悟

体が資本の豆腐屋は、町が寝静まった頃から分刻みの下準備に追われる。しかも取引先がスーパーだと、開店前に納品しないといけない。それから逆算してガンモや油揚げにとりかかる。かつて主人が配達に出たあと、工房で残りの作業をこなすのは妻・千恵子さんとパートだった。コミュニケーションを密に保たないと、おいしい食材を当たり前のように毎日つくり続けるのが難しい。しかも製造直売という地の利を捨てたすきに、流通の都合が毎週末「超お得な渡邉の豆腐2丁80円！」と割り込む。豆腐屋が頑張るほど足場が切り崩された。この矛盾を絶つには発想の転換しかない。

そんな90年代半ばのある日、渡邉親子の大口取引先だった肝心の地方スーパーが、巨大競合店に破れ相次いで倒産。40代を迎えていた働き盛りの渡邉さんは、良き豆腐が世の中に生き続けるには何が必要かを問い続けた。そして、決断したのが卸先への値引き拒否宣言だった。当然、取引を打ち切る卸先もあり、経営も一時的に落ち込んだ。それでもスーパーから離れ、定価販売と個人宅配で再出発する道を選び、手づくりの良品直売を、店頭と新聞の折込み広告で絶えずお客に訴え続けた。

折しも地元の有志が、遺伝子組み換えをした輸入作物のリスクを考える研究会を立ち上げた。遺伝子組み換え作物には、百年食べ続けても安全だという保証がまだどこにもない。仲間と各地の農場を見学するうち、豆腐こそ日本の誇る身近で伝統的な健康食品だと改めて気づく。アメリカやカナダでは、搾油用に脂肪分の高い大豆の栽培が広まった。彼らは大豆の植物性タンパク質を豆に近い形で味わう日本人に想像が及ばない。せいぜい家畜飼料や畑にすきこむ緑肥程度に扱われてきた。千年近く続く豆腐文化圏とは、根本的な隔たりがある。

「それで国産大豆の豆腐をぜひ渡邉さんの店でつくってくださいという話になった。口で言うのは簡単でも、こちらも商売です。10キログラム強の国産大豆を1釜煮ると豆腐70丁が出来ます。普通は1丁80円が、230円と3倍に跳ね上がってしまう計算です。でも週に一度つくると、地元の応援団が注文をとり、全部さばいてくれました」

2代目の小さな冒険はまもなく2釜3釜と増えていき、評判が客を呼んでやがて直売に追い風が吹いてきた。このときから、田舎の小さな豆腐屋が1歩ずつ着実に、おいしく安心な店へと様変わりしだす。勢いに乗じて普及品に使っていた北米産大豆も国産に切り

1――おからは使った生大豆の1.5倍量分必ず出るため、渡邊さんはこの食物繊維を無駄なくドーナツやおやつにも生かしている。新鮮で上質なおからを求めて、朝10時台から常連客が続々と訪れる。
2――希少な国産菜種油に浮かべる油揚げは、豆腐屋の腕の見せ所。豆腐用よりも高タンパクな国産大豆を使い、二度揚げして舟形に膨らませる。
3――渡邊さん（右）と金子さん（左）が、収穫前の大豆畑で再会。
4――地域の食卓に寄り添う試みとして、ラッパを鳴らす行商にも着手した。

1

2

3

4

替えた。なにしろ60年頃までは豆腐用大豆はすべて国産でまかなえた。しかし、輸入自由化や農政の失敗が重なった大豆の自給率は10％を切り続け、それもままならなくなってきた。金子さんたち有志もこの危うい現実を見すえ、まずは足元の地域から自給と自立の理想郷を創ろうと努力を積んできた。そんな篤農家の志と食卓を守る豆腐店の使命感がぴったり合った。

けれど職人技だけに走る自己満足では、こぢんまりした商いで終わり、未来は切りひらけない。その頃から渡邉さんの研究熱心さは、手づくりと大衆化の妙を併せ持つ、農と商の結び目として膨らんでいった。

行商という先祖返り

とうふ工房わたなべでは、社員やアルバイト、パートなど、総勢50名近い従業員が忙しく働いている。けれどどこか横丁の豆腐屋みたいに柔らかな空気が絶えず漂う。それは店先で笑顔を絶やさない売り子もさえること、わざわざ足を運ぶお客にいつも労いを忘れないからだろう。

「悔しいけど、私は丸10年もスーパーへの卸売りに情熱を傾け、人生を無駄にしてしまった」と笑う。

とりもなおさずその傷が、生まれ故郷の活性化を促した。体を懸命に動かしていると、色々なアイデアが湧いてくるともいう。過去への反省もこめて、渡邉さんは従業員にラッパを持たせて週4回、行商を行っている。買い物が不便な住宅街に軽ワゴンを走らせるのだ。「ト〜フ〜、ト〜フ〜ッ」とラッパを鳴り響かせながら、高齢者の多い近郷を巡る。すると、いつも家に引きこもりがちなお年寄りも、その音につられて道に姿を現す。立ち話に時間を費やすこともいとわない。豆腐屋が製造直売の力を取り戻せば、固く閉じられた社会を柔らかくほぐすことさえ叶うのを目の当たりにする。行商が届ける1丁のご馳走や丹精を込めた油揚げに、小さな壁を溶かして柔らかな会話を引きだす力を、だれが思い描いただろう。こんな意外な事実を知るにつけ、敬意を込めて「お豆腐屋さん」と、昔みたいに呼びたくなる。［2011、早春］

取材ノートから

負けるもんか

大震災後のガソリン入手難に泣かされた人は多い。本来マイカー来店が多い「とうふ工房わたなべ」も客足がひと月ほど半減したという。渡邉一美さんはそんな買物難民のために、商いの原点とも言うべき行商カーを3台に増やして一円を巡りだす。大きな発見は買う際のお客の心持ちが、専門店とスーパーと行商では変わるという事実だった。「食べて美味しい！」と感じて買うのが専門店なら、「安いから買う！」が食品スーパー。そして「折角あの人が来てくれたから買う」のが行商。まだ冷蔵庫に豆腐が残っていても、つい買うほど、行商は人間臭い。だから顔ぶれを極力変えない。時間帯や住宅街に合わせてラッパの生音を流すスピーカーの音量にも気を配る。「ありがたいことにラッパ音を聞くだけで、豆腐屋を思い起こしてくれる。そんな素晴らしい仕組みを残してくれた先人達に感謝したい」と渡邉さん。

「大豆1キログラムを家庭で使いきる！」を旗印に、去年から大豆文化の復興にも取組んでいる。1人暮らしの高齢者が増えて「豆腐1パックのサイズを小さくして欲しい」という声も届く。だけどそれじゃ体にいい伝統的なたんぱく源を遠ざけてしまう。輸入物が高騰する中、食べ方を提案しながら国産大豆の良さを広め、栽培農家も励ましたい。あるお婆ちゃんに「家で大豆をたくさん食べているよ」と聞き、調理の工夫ぶりに感激したのがきっかけだった。例えば、大豆をご飯と一緒に炊き込み、少し醤油を落とすだけでも、香ばしい「大豆ご飯」の出来上がり。1丁450グラムの豆腐を差し上げたら、4等分にして料理法を毎回変えて楽しんでくれた。

もちろん材料の安全対策も万全で、放射能検査も行う。目の届く契約栽培者に毎年、篤農家・金子美登さんが増やしてくれた地大豆「おがわ青山在来種」をタネとして配る。収穫後は即金全量買いとりで品質を守る。

最後にとうふ工房わたなべの商品の近況。隠れたヒット作は卵に豆乳と豆腐をまぜて焼き上げた「豆腐屋の伊達巻」。師走限定が人気に応えて11月から店頭に並ぶようになり、通年販売も検討中。効率主義なんかに負けるもんか。

農家のマヨネーズ

日本の冷蔵庫には畑の力が一杯詰まっています。マヨネーズもその一つ。年間消費量は1人平均1600グラム強。昔はホームメイドも盛んでした。レシピは、油に卵に酢と塩と砂糖かハチミツ、スパイスを加えたら、乳化させます。自分が食べたい納得の味を模索した農村派を埼玉に訪ねました。

18世紀末のフランス。ルイ王朝に仕えた宮廷シェフたちが革命後、職を解かれて町場に散らばり、貴族社会の密かな味をたちまち広めた。マヨネーズはそんな源流をくむ、贅沢なソースの一つだったという。

本来、油と酢は混ざり合わない。それが卵黄を落として十分混ぜるとなじむ。虫メガネで覗くと、無数の黄色い粒々が密に寄りそい、粘り合っている。この乳化と呼ばれるクリーミーな合体こそ、どんな大根役者も引きたてる、名脇役ならではの包容力の源だ。色艶と風味となめらかさは、卵の鮮度や酢との相性が醸し出す。

フランス革命から約2百年後の極東で、〝マヨラー〟という奇怪な造語まで生む人気の裏には、日本の効率的な養鶏業に支えられた、卵の安値供給も見逃せない。量産メーカーは毎分6百個の殻を割る装置で需要に追いつく。安い時期にまとめて購入し、卵を液卵にして凍結しないように塩を加え、冷凍保存する企業もあるという。とはいえ5百グラム容器で年間1人平均3本を超す消費量に、「そこまで使った覚えはないが」と訝《いぶか》しむ方も多かろう。で

同じような容器に詰まると、
外見で各社の違いを見分ける
のは難しい。けれどこの月光
色には食欲をそそられる。

も胸に手をあててほしい。外食、コンビニの弁当やおにぎり、果ては屋台のたこ焼きに至るまで、日本中に及ぶ席巻ぶりを。何はともあれ、しみじみ味わうのでもなく手がつい伸びてしまう、便利な高カロリーの調味料である。

卵が「もったいない」

岩手県遠野生まれの松田優正《まさし》さんが、「自分が食べたい自然な味のマヨネーズを作る」と決めたのは1980年代初めのことだ。すでに自然食品店を都内で開き、馴染み客も増えて軌道に乗り始めていた。だが契約養鶏家からせっかく仕入れた、平飼いの希少な卵が売れ残ると、農家育ちだけにひどく「もったいない」と思う。丹精こめて飼う鶏の卵を、二束三文で売る気も起きず、1個もムダにしたくなかった。それに志のある有機農家を支えるのは自分たちだという自負心が働いた。

そうした想いに突き動かされたある日、食品業界向けに書かれた薄い1冊をひも解く。表題は『マヨネーズ・ドレッシング入門』。鉛筆で要所に線を引いた本を片手に、夜な夜な見様見まねで自家製マヨネーズづくりに励みだした。素材を一つひとつ吟味すれば、納得のいく自然な味にたどり着ける自信だけは人一倍あった。というのも同業者と一緒に食文化の研究会をこつこつ開き、全国の優れた農産物の作り手たちを自分の目で確かめてきたからにほかならない。

自家製はほど良く粘りを保つのが難しい。気温差で粘度はすぐに狂う。でも月に3百グラム入りを5百本ほど生産するまでこぎつけた。さして儲けるつもりもなく知人の店に卸し、感想を求めてはまた少しずつ材料を選び直して改良に努めた。醤油を隠し味に混ぜたり、酢もあれこれと試して模索した。そうして大手ナショナルブランドとの決定的違い、ハチミツを甘味に使う、当時としては独自なスタイルを得ることになる。

「実はマヨネーズに使える原材料はJAS法で限ら

れ、植物油の比率までほぼ決められています。保存料の添加も禁じられている。つまり素材の質が味を決めるといってよい。自然食材を扱い慣れていたから、自分なりに味に対する基準が見えていました。工業的に精製した白砂糖は入れたくない。糖分もなるべく控えたい。でも入れずに作ると味にまろみが出ない。ならばハチミツだと閃いて試すと、より自然な甘みになった」と松田さんは明かす。

ハチミツを加えたことで、酢との相性も見直した。米酢よりリンゴ酢がいい。ポストハーベストの防腐処理をしない、安全な国産リンゴの果汁で酒を造り、それを発酵させたリンゴ酢が手に入った。

つまり中心線をどこに描くかで、加工食品は姿を大きく違える。元の素材がしっかりしていれば、加工を施しても味はきちんと反映される。それゆえ最初の素材が肝心なのだ。まして酢の酸度と量は保存性を高めるカギで、卵黄の固まり加減も左右する。

こうした試みが「究極の無添加マヨネーズ」計画に膨らみ、1985年には埼玉県新座《にいざ》市に小さな工場を構えた。ふさわしい土地を求めて1993年、工場と家を児玉郡神川町《こだまぐんかみかわまち》という丘陵地に移す。JR八高線児玉駅まで車で15分の山間の水辺。隠れ里のようなそこで、受注後にスタッフ7名が1日平均3千本を毎日定刻内にこしらえる。そんな本業の合間に、彼は田畑を朝夕耕し、少年時代をなぞって仲間と4頭の馬まで飼う。

マヨネーズは生き物だ

朝7時、マヨネーズ用の卵割りが始まる。マヨネーズづくりは温度管理が杜撰《ずさん》だと、どうしても粘度がゆるむ。冷たい方がうまく進む。良質な卵を冷蔵庫で冷やし、新鮮なうちにその日の分だけ割る。酢や油も予め冷やしておく。1500個近くを手で割り、黄身の具合を目で確かめること約1時間。撹拌器に入れたら、海塩と練ったマスタードとハチミツを次々加え、コショウも足してスイッチを押す。材料が酸化しないよう、真空ポンプで空気は抜く。ここまで仕

2

1

1 —— よく冷やした新鮮な卵を、早出の係が次々と手で割る姿は26年前の創業時のまま。工場は10名を超すとホームメイド感が薄らぐとか。
2 —— 松田マヨネーズは、この1冊からはじまった。

込むとひと休み。9時にはスタッフが出揃い、乳化ラインを回し始める。撹拌済の材料と菜種油とリンゴ酢がいよいよ一つになる。ちなみに、マヨネーズは出荷後も熟成が進む。製造後1週間ほど経った方が、酢が卵となじんで美味しい。

味を大きく左右する卵は、各メーカーで扱い方が違う。最大手のキユーピーは黄身だけを長年活かして量産してきた。後発の味の素は、黄身も白身も使う全卵タイプを切札にスタート。でも今や両社とも、両タイプを揃えて多様化に応じる。かたや松田さんはひたすら全卵派である。

「卵というのは黄身と白身が一緒になって初めて一つの生命。だから二つで一つの方がより自然な状態なのです」と哲学めく。

一般に卵は古くなるにつれて風味が衰え、乳化力も落ちて細菌が繁殖しやすい。それで各社とも鮮度に注意を払う。例えば卵黄タイプなら、卵17%に油65%の比率で粘りが出る。しかし全卵タイプは卵白に水分が多く、油を増やさないと粘りが出にくいから、卵13％に油75％という具合に。そこで油選びにいっそう気を配る。当初は高級なゴマ油や椿油を試したりもしたが、結局、素性の確かな菜種油に落ち着いた。

また、卵の仕入れにも工夫を凝らす。広い敷地の割に規模の小さな平飼い養鶏は、ケージ飼いに比べて産卵率がばらつく。それで10軒ほどの養鶏家から余剰な卵を優先しながら、広く仕入れるようにしている。それは創業当初から変わらない。養鶏家には、ロスが減るのですこぶる有難い話だ。

「緑餌などの植物系の飼料を与えた卵は、やはり黄身が黄色い。人工的に飼料で色をつけた卵はオレンジに近い。黄色いものはそのまま黄色いマヨネーズになる。ところがオレンジ色っぽい方はその色が全然出ない。結局、色をつけた卵は薄まるのに、本物は薄めても色がなかなか薄まらない。食の根本がそこにありますす」と経験則を説く。それは味でも、同じことが言えるという。

「お客さんから、うちのマヨネーズはポテトサラダに混ぜても味が薄まらないのに、他はいっぱい混ぜないとなかなか味が出ないという声が届きます。良質な卵とお酢と油と塩があれば味としても十分ではないかと思う」と松田さん。味が濃いとか薄いとかの目先の話ではなく、根本の味をきちんと保つこと。それによって体の中で食物がどう働くか意識できる。

震災直後、輸入トウモロコシが不足し、契約先の養鶏家の多くは餌が手に入らず、「ニワトリが卵を産まない」と嘆いた。それでもいいじゃないか、しばらく休んでも、ずっと続くわけでもあるまい。少し我慢してもっと自然体で行きましょう。松田さんは彼らをそう励ました。本来あるべき農の姿を見直す絶好の機会だったからだ。

少数派への風当たり

品質も安定しだした2001年、松田さんは自然食品店の方を閉じた。その翌々年、品質表示基準が改まり、マヨネーズもＪＡＳ規格に準ずる形になった。

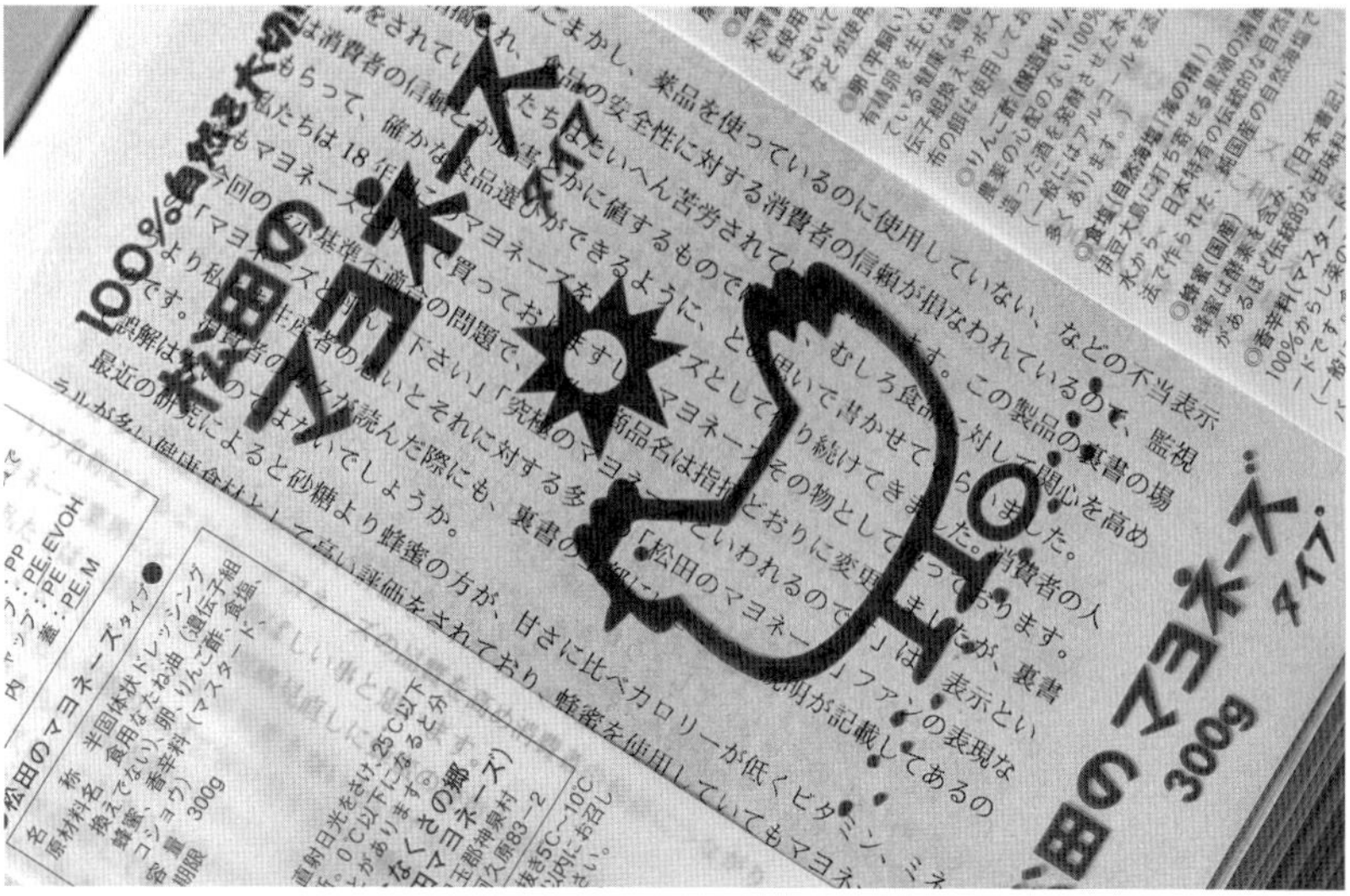

かつて農水省から横やりを入れられ、包装袋に「マヨネーズタイプ」と記しての販売を余儀なくされていた。

すると自慢の製品に農水省が突如クレームをつけた。5年に一度開かれる審議会が、すでに18年の歴史をもつハチミツ入りマヨネーズを、マヨネーズと呼べないと結論づけたのだ。

〝もどき〟となれば養鶏家や本人には死活問題に等しい。直ぐに愛用者や関係筋が声をあげ、多くの署名を集めた。幸い5年後の審議会で議題に挙がり、元通りの名称に戻った。以来、マヨネーズの包装袋の裏にはこう記している。「おかげさまで〝マヨネーズ〟です」。そして、「皆様の応援のおかげで蜂蜜が入っていても〝マヨネーズ〟と呼べるようにJAS規格が変わりました。署名運動や励ましの言葉など本当にありがとうございました」と。苦労の跡が滲む。

自然の恵みに養われる命

量産メーカーと少量生産メーカーでは、材料の混ぜ方＝乳化の装置も異なる。前者は大きなタンクに各材料を入れて密封。それをスクリューでかき混ぜながら同時に小さな回転刃を回転させて乳化を行う。そして一定量の乳化が終わるたびにマヨネーズを別の機械に移し、容器やパイプを丹念に洗う。これを「バッチ式」と呼ぶ。

一方、松田さんの小さな工場では、3本の細いパイプから送りこむ三つの材料を、つなぎ目で合流させるうちに乳化が進む。すると太いパイプの先から半個体状になってゆっくり溢れ出る。これが「連続式」と呼ばれる乳化方式だ。化粧品の製造ラインにほぼ近い。乳化からボトル詰めまでが一連の流れで行えるので、バッチ式に比べて洗浄の回数が少ない。そして機械も大がかりにならずに済む。ただ、マヨネーズの粘度が上がり過ぎると分離しやすくなる。その分岐点の見極めが難しく、この方式を取り入れているメーカーはとても少ない。

欲ばって量産すれば、担い手に残業を強いるうえ、職場の空気や人間関係にまで影響を及ぼす。作業手順やシステムもがらりと変えなければならない。だから、これ以上規模を大きくする考えがない。松田さんは自分の食べたい味を守り、共感する客とそれを分かち合えたらいいと考えてきた。それで営業も一切しないし、受注生産のみで在庫は抱えない。

「店をしていた頃から問屋にもメーカーにも扱う製品に厳しい注文をつけてきた。意識が高ければ、同じ考えを持つ者と繋がり合えます。特注品もこうした信頼関係に鍛えられて質を高められます。相手の現場を知らずにやっていたら、ここまで良質なマヨネーズは作れなかったと思う」

この徹底ぶりは25歳の時の断食体験に端を発している。空腹のどん底で味わう自然の恵みにどれほど命が養われるかを思い知る。そこに自然体の大切さを悟り、まじめな農家の丹精さを尊ぶ、自然食品との向き合い方が生まれた。

「材料がより自然なら美味しい。それは僕が決めた訳でなく、自然が決めた道理です。でも安定した品質をいつも出せるまでに、20年近くかかりました」と日焼けした62歳の白髭顔が静かに笑う。けれどいくつ

80種類の野菜と、米や麦まで育てる、
土着の農民となった松田さん。

かの材料を組み合わせる加工食品の現場は、デリケートな問題も起きやすい。生鮮素材を多く扱うほど、近年の温暖化などの自然環境の変化で予期せぬ事態も抱えたりする。

「ある年、出荷してから2カ月ほどして、容器がパンパンに膨らんだマヨネーズがお客さんに届いた。他の食品類もあちこちで膨らんだ年でした。掃除をいつもよりちゃんとしていたのに、そうなると味は同じでも返品の嵐です。製造を中止してすべてのラインを点検して洗浄も済ませ、水も調べフィルターも全て交換した。それでも原因がしばらくわからなかった」

結局、お酢の醸造元が検査センターに調べてもらい、酢の中でも生き延びる無害な発酵菌が見つかった。

厳しい経済環境下で食の多様性が損なわれる中、効率主義とは無縁の農村派に悩みは尽きない。それでも自分の舌を頼りにマヨネーズづくりに励む。農家育ちの松田さんの体には、畑の力への深い信頼感が、今も揺るぎなく刻まれているのだと思う。［2011、秋］

取材ノートから

麻マヨネーズの大冒険

2009年、松田優正さんがマヨネーズ業界にまたも一石を投じた。国産の麻の実を搾って油を加えた「麻マヨネーズ」をテスト販売したのだ。評判は上々で翌年に1千本を売りだし、たちまち完売。2013年1月には3千本を用意する。これまでの製品には国産菜種油だけが使われていたが、菜種油9割に麻油1割を配合した麻マヨはハーブのような香りが立つ。

松田さんは自然食品店を営んでいた頃から、カナダ産ヘンプシードオイルや麻の実ナッツが海外で食品として流通しているのを知っていた。麻の実には上質なリノール酸やαリノレン酸が多く含まれ、血中のコレステロールを減らす効果をもつ植物油として珍重される。麻の油がベースのバターまであり、輸入品なら手に入る。

ご存知の通り、戦後日本では麻の油の原料である大麻草は入手がひどく難しい。1948年、連合軍総司令部（GHQ）の指示で当局は大麻取締法を制定。「栽培地を明かしてはならん」という強いお達しのもと、その扱いが免許制になり、農家の栽培意欲も削がれてしまう。栃木県内では今も細々と作られている。3メートル丈に伸びる茎からは上質な繊維が採れ、伝統的な相撲の化粧まわしや弓糸、神社のお祓いに使う道具「大麻《おおぬさ》」に欠かせないのだ。麻には霊力があると昔から信じられているらしい。しかし、新規の栽培許可は滅多に下りない。同系植物の花や葉を乾燥させたものがマリファナになり、多幸感をもたらす薬理作用ゆえに禁制品として取り締まられるためだ。松田さんに栃木県知事から栽培認可が下りたのも、地場産業としての実績と目的が明解だったためだという。

彼が麻マヨづくりに情熱を注ぐのは、かつて国内では八穀の一つとして日常的に、麻の実が幅広く食に活かされていたことが大きい。

「伝書鳩を遠くの目的地まで飛ばす競技には、必ずエサに麻の実を混ぜていたそうです」と松田さん。好奇心あふれる麻マヨが、忘れられかけた伝統食文化まで掘り起こしたらすばらしい。

食卓でイネを想う

ある日、天変地異が起きるとお米は
店頭から突然消えてしまう。
茶碗1杯のご飯はイネ3株の恵み。飢えの記憶が
薄れる時代は食糧自給率の回復も難しい。
本州北端の青森で稲作を工夫し、自ら商い
主食の失地回復を願う農業法人の奮闘がうれしい。

読者の方はコシヒカリ以外に、銘柄米をいくつご存知だろうか。南北に細長い日本列島の米づくりは、その土地柄にあう品種を選び、桜の開花前線のごとく収穫期も南から北上していく。石垣島の「ちゅらひかり」は田植えが1月。「ヒノヒカリ」は関西圏の味。秋田にいけば「あきたろまん」。そして青森特産が「まっしぐら」に「つがるロマン」だ。道産子なら「なつほし」か「きらら397」という風にお米の顔は広く個性豊かにそろう。農家はやはり土地柄と相性の良い品種を選ぶ。

「お米にどれが一番という銘柄はありません。料理との相性で決まりますから」と、福島県生まれの名料理人・野崎洋光さんもきっぱり断言する。郷土食を敬い献立の妙を自在に発想するプロにとってご飯は、おかずという絵の具を何色も溶かす白いパレットなのだ。適地適作が常識とはいえ、総作付け面積はコシヒカリが断然多い。程よい粘りと軟らかさと甘みに加え、育てやすさも人気の秘密らしい。

本気で食味を求めるなら昼夜の気温差が大きい南魚沼のように、標高3、400メートル台の盆地が最適な環境だという。タンパク質が少なく澱粉が多い大米粒となり農家も潤う。裏を返すと中山間部で元気なコシヒカリも、気候が合わないと病弱になる繊細な面もある。

農村の大冒険

JR新青森駅から車で6、7分のなだらかな丘の一角に、農事組合法人・羽白開発が創設されたのは1974年。篤農家として知られる福士英雄さん(64歳)の悲願だった。付近に散らばる約80ヘクタールの農地を、組合員3名と社員4名ほかパートがトラクター8台を駆使して総出で耕す。青森は年の4ヵ月は雪に埋もれてしまうので、平均気温も10・1度とかなり涼しい。厳しい風土にコシヒカリは育たず、他の米作農家もみな知恵を絞って暮らし、法人化をばねに大農場に育てた。初めて訪ねたのはまだ雪深い3月初旬。雪原に半ば埋もれたハウス式種苗場では、すでに小型ショベルカーで地面の雪かきが始まっていた。

「表土を1日でも早く日光にさらし、作物が発芽しやすい条件を整えておくんです」と福士さん。

かつて青森の米づくりは質より量で勝負した。「本州最北という環境なので、農家はみな多収米づくりで日本一を目ざした。とにかく日照時間が短い。それをどう補うか、みな悩んだ。イネという作物は開花からおよそ45日後に収穫するけれど、青森だと下手をすれば10月末に早霜がおり、11月初旬に初雪がふる。最後の刈取りから逆算すると、5月10日から25日までの間に、全部の田植えを済ませないと収穫期を逸してしまう。だから段取りばかり最優先で量にこだわり、これまで〝おいしい〟という声をあまり得られませんでした。多収にばかりこだわると、米の食味はどうしても落ちやすい」と。

中国から引揚げてきた満蒙開拓団の手によって戦後開墾された羽白は、条件的にさほど恵まれた農地で

1

はない。だが代々のリンゴ農家から転身した福士さんは、1960年代末にいち早くトラクターなど大型農機を協同購入。1990年代半ばには発想を改め、田植機を用いない直播き稲作を実践して朝日農業賞まで受賞した。きっかけは農水省が進める農業基盤整備事業だった。

直播き実験と植物のドラマ

小さな田んぼを寄せ集めて大きく1枚に直すのを農業基盤整備事業と呼ぶ。これで水田が一気に巨大化し、理屈では機械が入りやすくなり、水管理も楽でコスト削減と作業効率化がかなう。ところが青森は夏があまりに短く、苗を機械で植えても時間切れで期限内に終わらない。

そこで検討されたのが直播き稲作だった。早い話が苗を植えず、田んぼに噴霧器や農機を使って種モミをまく。ただし壁がある。株間の広い田植えと違い、直播きした田んぼは足の踏みこむ余地が狭く、

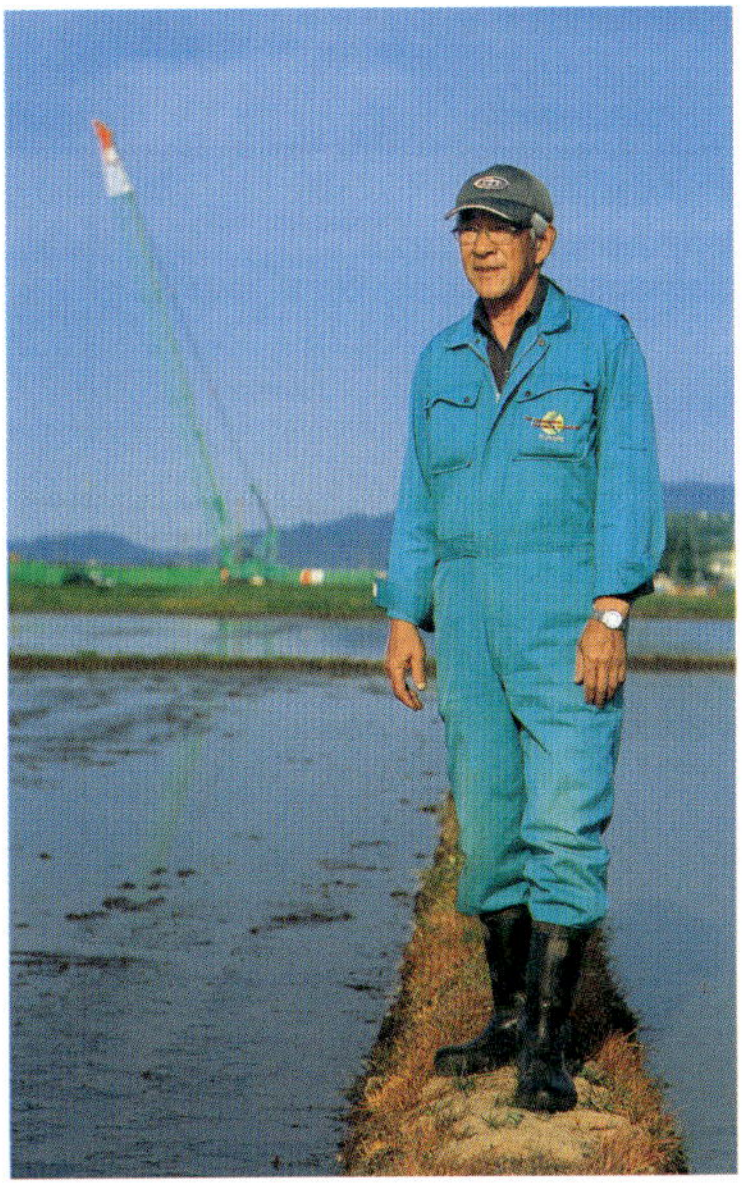

3

2

1——田んぼ10アール＝1反から得られるお米は明治半ばで270キログラム、現在は555キログラム。投下労働時間はそれぞれ290時間に対して26時間。1世紀前の約10分の1の手間で倍の米を得ている。米作が会社員でも週末農業で楽にカバーできる理由。
2——年間5千俵を収穫し、うち8百俵は取引先の食品スーパー・福島屋（p.138「異色スーパーの補助線」参照）に渡る。
3——雪解け水が田んぼに溜る余計なものを除去していく。水のお陰で連作できる水田は、連作障害が起きやすい畑より優れた栽培器だ。

除草もしづらい。かくして除草剤に頼るが、これまた水田の真ん中まで目が届かず除草ムラがでる。そんな雑草群を見逃すと米の収量は3分の2まで落ち、風通しも悪くなって虫害の発生源になる。探究心の塊・福士さんはあれこれ試した末、苗が生長してから初めて田んぼに深く水を張る方法でついに雑草を枯らす裏技を見つける。

「米作農家はダメもとでも試す度胸や、冒険心や好奇心がないと技術力が向上しません」

それで除草剤ゼロとなれば、1反あたり1500円のコストダウンが実現する。そんな原価計算を頭でいつもする一方で、植物としての本質を見極めていくと新しい扉が開く。

縄文人を彷彿させる米の直播きに本気で取組むきっかけは、1998年夏に北海道北見で催された全国直播きサミットへの参加だった。さっそく、半信半疑で水を張らない60アールの乾田に、初めて種モミを試作農機で撒いた。銘柄は「つがるロマン」。先代「つがるオトメ」の跡継ぎで、その親を辿るとコシヒカリに行き着く。冷たい山背が急に吹き下ろす青森では、生育中のつがるオトメに山背が当ると米粒が白濁して食味も落ちた。この弱点を克服した新品種がつがるロマンだった。当初、深さ1センチメートルにその種モミを埋めたつもりが、機械の不調ですべて8センチより深い土中に埋まっていた。地温の上がる6月がきてもさっぱり発芽しない。植物のドラマは不安だらけだ。

「農業試験場の人から発芽は無理といわれ、農機メーカーの担当者も謝った。収穫ゼロでも32万円分の損失で済むなら、まあ良いかと半ば諦めて様子を見ていました」

すると7月半ばにやっと発芽。注水して稲の花も9月21日に咲くが、もう実は結ぶまいと落胆。それでも初雪もそろそろという11月末に刈り取ると、信じ難いことに240キログラムの新米を収穫。「収量こそふだんの半作ですが、稲という主食を担う植物の強さを思い知らされた。お陰で直播き実験も気が楽になった」

収穫後の心づかい

羽白開発の精米施設を見せてもらった。お米は常温だと他の匂いを吸いやすい。米どころの熱心な農家の中には、摂氏16度湿度65%という低温調湿倉庫まで揃える者がいる。しかし平均気温10・1度の青森では、秋に収穫したらそのままで保冷状態になる。羽白開発では稲の脱穀もせずモミをつけた状態で、防虫効果の高い青森ヒバ製の米蔵にしまう。ここでは保冷や調湿に電気を一切使わずに済むのが強みだ。

「個人でモミ貯蔵をする人はまず居ません。出荷のとき1日余分に手間がかかるからです。去年の秋、新米が欲しいという業者に前年米がまだあるので、そちらからまず買って欲しいと勧めたら渋い顔をされた。でも30キログラム分をタダであげて試食してもらったら、残り全量を買い上げてくれました。モミ貯蔵はそれくらい風味が落ちません」と胸をはる。

業者用でも個人向けでもその都度、モミずりしたあと精米して出荷するので酸化しない。お米は生もの扱いをすればするほど、主食としての威光を取り戻すのかも知れない。コスト削減と食味追求にここまで心を砕くのも、それが顧客を唸らせてリピーターを増やす早道と知るからだ。近年はさらに一歩進み、肥料も与えず農薬も一切使わない、つがるロマンの自然栽培米にも本腰を入れる。自然栽培は1反当りの収量こそ落ちるが、コストもあまりかからず、香りと日持ちの良いお米になるので人気が高い。

さらに徹底してコストを下げながら増産がかなった日、周囲にどんな光景が生まれるか。北米から輸入される膨大な飼料用の遺伝子組替えコーンに取って代わり、おそらく国産の屑米を家畜の餌として与える農家が増えるのは間違いない。そこまで先を視野に入れながら、彼らは米作の新しい夜明けを準備する。

後日、昨秋に収穫されたものを東京に取り寄せて味わった。炊きたては香りがすこぶる良い。ずぼらをやらかし、電気釜に残った同じご飯を三日連続食べた。それなのに変色もなく異臭が全くしない。人工的な肥料を一切絶つと余計なタンパク質を抑えて酸化を防ぐ。それが稲の備える種子即ちお米としての、生命力を高めるのではとあれこれ想像を巡らせた。

水と風と太陽と棚田

ところで棚田で育つ米の食味が一段と良くなるのはなぜだろう。高低差の大きい盆地に、何世代もかけて築かれた棚田は基本的に水はけが良い。日当りの良い丘ではまず上段の水田から冷たい山水を満たし、日光でゆっくり温めた後に下段の水田に導く。水巡りは水利権として農村の掟を培う。優しく扱うと苗も育ちがよい。また田んぼの水深を少し深くすると保温力が高まり、夜も熱が逃げないので幼穂を冷えから守れる。農作物にとって春とは、地温の高まりと水気が種に伝わることをさし、命が目覚める季節である。もっともそれには、畦をしっかり塗り固めて、床締めを良くして水漏れ対策が万全でないといけない。

1

4

3

2

1――1年耕作放棄した田んぼの有様。休耕田に一度すると復活に3年要す。用心しないと米の自給率はたちまち回復不能に陥る。ワラを生の状態で鋤《す》きこむと最初の3年はガスが発生して稲の生育が悪化、4年たつと稲が元気に育つ。つまり自然栽培は3年ほどビンボー覚悟でやらないといけない。
2,3,4――うるち米の粒は透明感。餅米の粒は白濁し、実った稲穂のモミ先に黒点がつく。寒さに強い直播き品種「ほっかり」は甘みがあり、冷めてもパサつかない。
左ページ――防虫性の高いヒノキチオールをもっとも多く含有しているという青森ヒバを内張りにした巨大な米貯蔵タンク。なによりもモミ貯蔵のお陰で、ネズミも鳥も寄せつけず、コクゾウムシも発生したことがないという自慢の施設である。ちなみに劣化の早さは有機米が一番早く、二番が慣行栽培米、三番は自然栽培米だという。

さらに斜面に石垣を積み上げると、石が湯タンポみたいに太陽熱を蓄えて地温を高めてくれる。また立体的な棚田の形状は、気温の高まりに稲を栄養生長を導く「感温性」と、夏至を過ぎて日照が短くなり生殖生長に進む「感光性」にも反応しやすい。森林占有率68％という世界的にみても山林と山地が多い日本で、棚田という装置が山間住民の生活を飢餓から守り、食糧確保をどれほど助けたことか。そうして始まる稲の一生だからこそ、田植えはお祭りになりえたのだと思えてならない。

休耕田のリスク

2012年春、総務省が衝撃的なデータを公表した。1世帯当りの家計にしめるパン購入費が昨年、お米を買う金額を初めて上回ったというのだ。お米を炊かない家庭が増えて、おにぎり、弁当類をコンビニで買う習慣が定着したことも大きい。とはいえ、やはりこの事実の衝撃である。食の多様化でパスタ類の小麦消費が増えて、お米は日本人の主食ともう呼べないと主張する者さえいた。

このデータを発表することで総務省が何を訴えたかったのかは定かではないが、青森県でも例に漏れず過疎と高齢化で農業人口が細り、休耕田と耕作放棄地が増えている。そうした休耕田を羽白開発はなるべく委託耕作で預かり、野菜を栽培したりして事情が許す限り耕作放棄地にならないよう努力している。「一度放棄した田んぼを回復させるには3年かかる。アシや柳の種が飛来してどんどん生い茂り、土砂も流れ込んで土壌そのものが変わってしまうので、回復は容易でない」という福士さんの警告は重い。

穀類と家畜飼料の大半を海外に頼る日本が、無数の休耕田を抱えたまま世界規模の食糧難と天変地異に遭えばどうなるか。私達の食卓は無事では済まない。結局、日本の稲作の将来は、国民を飢えさせないという独立国としての誇りを外交的にどう取り戻すかという農政と重なる。福士さんたちの稲作への覚悟が、そこに小さな希望の光を灯してくれる。［書き下ろし］

取材ノートから

ご飯という白いキャンバス

昼飯時、福士さんが面白い店に案内してくれた。JR青森駅から歩いて数分の、青森魚菜センターという古びた感じの市場だった。入口脇の案内所で1000円か500円の食事券を購入し、オレンジ色の旗がさがる飯屋に向かう。軒先に「大盛200円、普通盛100円」の貼り紙。酢飯が好みなら備え付けのビン入り寿司酢（無料）を予め自分で振りかけて混ぜておく。米の銘柄も大書されていて、もちろん自慢のつがるロマンである。そんなホカホカが入ったプラ製丼ぶりを片手に、小さな市場を目移りしながらうろつくこと2周。あれもこれもとつい欲張り、てんこ盛りの海鮮丼が一丁上がり。それを仮設のテーブルで味わう。旨し！　場内には焼き魚にシジミ汁、蟹味噌もあれば、卵焼きに唐揚げに大葉まで手に入る。早朝から魚市場で働く人たちが腹を満たす、まかない食のような雰囲気が漂う。福士さんいわく、ルーツは八戸市営の市場食堂で、ご飯を買ってオカズを適当に見繕うバイキング式朝食が今も人気らしい。刺身1切れを買う度に小銭をやりとりするのも面倒だし、確かに100円券をちぎる当日チケット制は都合がいい。朝7時から夕方5時までの「のっけ丼」アワーは、観光客減少に苦しむ青森市内では、今や出張客や地元民まで足を運ぶ人気スポットだ。日本海と太平洋が混ざり合う土地柄だけに海の幸、山の幸もうまい青森だが、試食もできずに素人が市場で選んで買うのは誰でも二の足を踏む。そこで当初は味見のアイテムとして季節限定の試みだったらしい。もちろん白いキャンバスのような米が旨いからこそ、鮮やかな色をした刺身やオカズの味も引き立つ。津軽ロマン時代を迎える頃、この市場の幸せはどう変わるのだろう。

おわりに

本書にぜひ登場していただきたかったのに、それが実現できず残念でならない方がいる。

1980年代末から福島県いわき市江名で「縄文干し」という名品を手がけてきた佐藤勝彦さんである。佐藤さんは自分だけにしかできない干物づくりへの矜持《きょうじ》と、それを最良に仕上げる信念を持ち続けていた。その仕事ぶりには、生きとし生けるものとしての魚への慈しみが溢れていた。けれど2011年3月11日、東日本大震災とそれに続く原発事故で、その足場は根こそぎ突き崩されて奪い去られてしまった。

午後2時45分の大地震のあと、佐藤さんの暮らす江名の集落は大津波に襲われた。漁港から徒歩3分の自宅と工場は、高台に建っていたので幸いなことに被害を免れた。けれど海岸端に構えた冷凍倉庫が津波の一撃で内部が崩れ、そのあとすぐ付近は停電に見舞われた。倉庫のなかには総額4千万円分の膨大な縄文干しが冷凍されていた。佐藤さんは、冷凍の縄文干しが解けてしまわないうちに津波被災者に無料で食べてもらおうと、さっそく地元紙に告知を出した。するとと続々と受取りにくる人々がやってきた。なくなるまでの丸3日間のうち、なかには二度三度と変装してまで足を運ぶ者まで現れ、佐藤さんは縄文干しの人気ぶりを改めて知ることになる。そんなさなかに福島第一原子力発電所で、水素爆発と炉心溶融が起きた。幸いにもいわき市は風上だったので放射性物資の降下量は比較的少なかったため、高放射線量地域から移住してくる者も多かった。しかし間もなくして、海洋汚染が広がる。地元の江名漁港や周辺の小さな漁港に水揚される近海の地魚から、次々基準値を超えるセシウム137などが検出されるようになったのだ。

縄文干しはクルマで30分圏内の地元漁港に水揚げされる地魚だけで全て作ってきたものだ。毎早朝、それを新鮮なうちに工場に運びこみ、女性たちが手仕事で素早く解体して、濃度の低い塩味醂《みりん》を溶かした冷たい液に一昼夜つけこんでアクを抜く。それを扇風機で半日風干した後に冷凍し、出荷する。そんな手間の掛かる、非加熱の珍しい干物なので日本中にファンがいた。

被災後しばらくしてお見舞いに伺うと、「昨日の晩からやっと熟睡できるようになりましたよ、セトヤマさん」という。どうしたのかと理由を尋ねると、佐藤さんはにこやかな笑顔で「やっと廃業を決めたんだ」というのでびっくりした。この先、何年にもわたって地魚が仕事に使えなくなるが、彼の発案した物づくりへの矜持は地魚以外のものを使う妥協を許さなかった。工場には平均年齢70歳近い10名余りの女性従業員がいて、ベテランの彼女らを解雇するのが忍びなくて板挟みで悩み続けた上の結論だった。

元々、心臓病を患っていた佐藤さんは夏頃から、ストレスも重なって体調を崩された。そして快復されたかと思った矢先の2011年12月、入院先で急に亡くなられた。縄文干しは伝説の干物、永遠の幻となってしまったが、私は彼から食と向き合う基本形を教わった1人として、その死を悼まずにはいられない。

食の世界には、命の原理に深く近づいた者だけがたどりつける［食品づくりの現場］がある。しかし、こうした佐藤さんの悲話にも象徴される通り、食のあり方は世の中の事情にいつも左右されて、作り手だけの意志だけではどうにもならない部分が少なからずある。「こだわり」という薄っぺらな商業主義と一線を引いて、自分の品格や霊性を賭けて、より良い物づくりに励む実直な仕事人がまだ日本にはいる。時流に翻弄されながらも、懸命にそうした良心的な食づくりを続ける仕事人の原点に、一体何が秘められているかを問うのが本書の使命である。マスメディアの情報に振り回されることなく、自分たちの、そして次世代を担う子供たちの食を、どうすれば守れるのか。その手がかりが一つでも本書の中に発見してもらえれば、書き手としてこれ以上の喜びはない。

それぞれの記事は隔月刊誌『暮しの手帖』に4年近くにわたって同名で連載された中から厳選し、さらに後日談を加えたものだ。連載時の松浦弥太郎編集長と、担当編集者だった矢野太章さんと徳留佳乃さん、そして、早くから単行本化にエールを送ってくださったアノニマ・スタジオの三谷葵さんと、ブックデザイン担当の西川圭さんに心より感謝のことばを贈りたい。

瀬戸山　玄

著者プロフィール
瀬戸山玄（せとやま・ふかし）
1953年鹿児島県生まれ。早稲田大学卒業。WORKSHOP写真学校・荒木経惟教室に入塾後、1978年に入社の映像制作会社を経てフリー。2000年からドキュメンタリスト・記録家として文筆、写真、映像を駆使した活動を開始。著書に『丹精で繁盛（筑摩新書）』他多数。2013年3月には、東北の物づくりの系譜や、漁師と海産物との向き合い方など、17年に及ぶ取材からこれからの東北復興に欠かせないことを探った『東北の生命力　津波と里海の人々』（岩波書店）を出版予定。
公式サイト　http://www3.ocn.ne.jp/~mimimura

本書は2008〜2012年、「暮しの手帖」に同タイトルで連載されたものに加筆修正し、書き下ろしを加えたものです。

各章末の［］内は初出時期を記しました。

世のなか食のなか

２０１３年２月22日　初版第１刷　発行
著者／瀬戸山　玄
発行人／前田　哲次
編集人／谷口　博文
発行所／アノニマ・スタジオ
〒111-0051　東京都台東区蔵前２-14-14
電話 03-6699-1064
ファクス 03-6699-1070
http://www.anonima-studio.com
発売元／ＫＴＣ中央出版
〒111-0051　東京都台東区蔵前２-14-14
印刷・製本／シナノパブリッシングプレス

取材・文・写真・挿画／瀬戸山　玄
ブックデザイン／西川　圭
編集／三谷　葵（アノニマ・スタジオ）

ISBN 978-4-87758-716-1 C0095

アノニマ・スタジオは、

風や光のささやきに耳をすまし、
暮らしの中の小さな発見を大切にひろい集め、
日々ささやかなよろこびを見つける人と一緒に
本を作ってゆくスタジオです。
遠くに住む友人から届いた手紙のように、
何度も手にとって読みかえしたくなる本、
その本があるだけで、
自分の部屋があたたかく輝いて思えるような本を。